小腳與西服

張幼儀與徐志摩的家變

Pang-Mei Natasha Chang
張邦梅／著
譚家瑜／譯

Bound Feet & Western Dress

目錄

追憶的二重奏

傅大為

當我逐漸陷入張邦梅所描寫的中國民初世界，一個張幼儀的世界，從習慣她的調子，到逐漸愈讀愈快，開始有意見、開始介入到書中的論辯中去，我不禁問自己在做什麼？要寫一篇序文？我當然不能寫一篇中國傳統意義下的序文，我沒那個資格，我也不來自那個世界。不過，當我嘗試去瞭解，張邦梅與張幼儀一來一往的追憶二重奏時，我逐漸發現到我可能的說話位置。我知道，以我過去生命的經驗，我也許可以寫一個簡介，一點評論。

去看一位在美出生的華人，叫張幼儀「姑婆」的美國女作家，如何去把她自己的過去，與幼儀的前半生關聯起來，是很有意思的。幼儀的世界，不是一個單純裹小腳，嫁名男人的東方奇異世界，寫來供美國人獵奇觀賞之用，而是張邦梅透過血緣與歷史，去再經歷再認同她自己與幼儀的過去、心理與身體的刻痕。從張邦梅小時候想努力打入美國同學的世界，到幼儀與徐志摩訂親的過程，這些，都是張邦梅透過認同幼儀來再追憶自己的過程。

這種二重奏，推而廣之，就使得「小腳與西服」的象徵，在我閱讀的過程中發酵，擴大與穿透。徐志摩畢竟是個詩人，竟然能夠想出找明小姐來與幼儀在劍橋的家中吃飯（明小姐穿著一套毛料海軍裙裝，洋里洋氣，卻有雙擠在兩隻中國繡花鞋裡的小腳），誘幼儀說出「小腳與西服不搭調」的話出來後，他自己才尖叫說：「我就知道，所以我才想離婚。」用心真是良苦……險被裹小腳卻是大腳的幼儀，在「洋里洋氣」的志摩看來，永遠是小腳的。但這假想的小腳，卻何嘗不是徐志摩自己的？他順從家中的權威，娶自己不愛的幼儀，把幼儀殘酷地看成只是傳統的女人；要離婚，卻還處處想要幼儀作徐家的媳婦；想自由戀愛，卻無法做一個負責的離婚男人與父親；在志摩洋里洋氣地與英國詩人吟遊的「西服」裡，「小腳」實在太明顯了。反過來說，雖被看成小腳，幼儀後半生的覺悟，在歐洲的重生，獨立精明能幹，懂多國外語還有財經與服裝生意，乃至再婚等等，可說甚至已走在許多當時西方女人的前面。這個「小腳與西服」的顛倒，在志摩死前的日子裡，我們看得很清楚。進一步，雖然張邦梅夢見與白男孩初吻，但仍是說「不行，我非嫁給華人不可。」，雖然她後來有了白人男友，但聽到中國通對她男友說「她已經不是中國人了。」邦梅仍然會勃然大怒。張邦梅雖然出身在西方，熟悉西方戀愛之道，但仍然一直認同幼儀，常問幼儀是否氣徐志摩，並責怪志摩沒有好好對待他沒愛過的幼儀，這使得邦梅的爺爺在過世前，還要叮嚀她寫傳記時，「對徐志摩仁慈一點。」這何嘗不是另一種形式的「小腳與西服」？推而廣之，在今天的台灣，我們許多人，何嘗不是一方面盡量想擺脫「中國」的過去，而另一方面則忙著用洋文洋裝來遮蓋不時露出的小腳。無論是美國的張邦梅，或是台灣的我們，來看民初的張幼儀，也許都不禁會震撼。在消費貪婪的台灣今天，許多婚姻要比幼儀的高明多少？而更多的離婚又會比幼儀的「民初第一個現代離婚」人性多少？

最後，在台灣重視「女性生命史」的今天，《小腳與西服——張幼儀與徐志摩的家變》一書翻譯的出現，當然是件很好的事情。如何去仔細傾聽「大知識分子」或「大詩人」旁邊的「女人的聲音」，往往是個真正「解放」的經驗。我最後就問一兩個問題。幼儀在德國五年「重生」的寶貴經驗，著墨太少，十分可惜。她與彼得的親情，彼得死前的種種，簡略得令人驚訝，明顯的，「德國的女子——幼儀」沒有真正的現身。再者，幼儀離婚後，阿歡歸幼儀撫養，特別在志摩是獨子的這種情況下，也相當令人驚訝，但沒有進一步的說明。幼儀離婚後與徐家兩老的情誼與友誼，更是值得細述與回味。當然，這也許已脫離張邦梅「認同與自我追憶」的世界之外了。

（本文作者爲清華大學歷史研究所教授）

揭開家族史的面紗

徐敏子

「輕輕的我走了，正如我輕輕的來；我輕輕的招手，作別西天的雲彩。」中國現代最偉大的浪漫派詩人徐志摩的「再別康橋」，是一首充滿生命力的雋永之作，在他逝世五十年後，依然廣爲詩歌愛好者們吟誦。而他與陸小曼的浪漫戀情，也是人們津津樂道的花邊故事，以致於忘記了徐志摩還有一位髮妻張幼儀。

今年三十一歲的張邦梅（Pang-Mei Natasha Chang），以她的第一本著作《小腳與西服——張幼儀與徐志摩的家變》躋身作家行列，她在屋崙亞洲圖書館與灣區讀者見面，引起當地中外人士的興趣。

張邦梅是美國第三代移民，其父爲耶魯大學教授。張邦梅在波士頓出生，畢業於哈佛大學東亞研究系，主修中國文學，其後又在哥倫比亞大學獲得法律學位，曾在紐約一間律師事務所擔任律師。張邦梅自一九九三年與投資商白人丈夫移居俄國首都莫斯科。

「一切事情的發生都出於偶然。」張邦梅表示，大學一年級時，有一天她偶然讀到一本《現代中國詩人》，其中提到徐志摩。由於徐志摩的名氣，她便找了一本專論徐志摩的書，從中得知徐的第一位太太姓張。「喔，很有趣，與我同姓。」張邦梅這樣想著，卻又在書中看到了叔公張嘉森、張嘉璈的名字，才知道徐志摩，這位中國文學史上最著名的浪漫派詩人的髮妻張幼儀，原來是自己的姑婆——張邦梅的祖父即是張幼儀的親兄弟。

張邦梅於是想到在大家庭團聚時看見的一位老人，「我其實從小就知道她，但一直很敬畏她，以致於沒有勇氣與她談話，特別是問她有關與徐志摩離婚的事。」張邦梅說，不過最後她終於「勇敢」地與這位姑婆談開了，這一談就是五年，從一九八三年起，一直到一九八九年張幼儀去世前。訪問張幼儀的結果先是寫成了畢業論文，而後再充實成爲一本傳記文學。「姑婆看過我的論文，卻來不及看這本書。」這是張邦梅最遺憾的事。

《小腳與西服——張幼儀與徐志摩的家變》將向讀者披露被稱爲中國現代史上第一對以「西方形式」離婚的怨偶七年的婚姻生活，對研究徐志摩、研究中國婦女解放歷程等都有借鏡作用。

張幼儀的父親張祖澤共生了八個兒子、四個女兒，張幼儀是女孩中的老二，她的二哥張嘉森（君勱）曾在國民政府中當高官，四哥張嘉璈（公權）曾任中國銀行董事長。在父親「女子無才便是德」的封建思想之下，張幼儀只讀過三年女子師範；早在十四歲時，她就由四哥張公權作媒，與徐志摩定了親，十五歲結婚時，兩人才第一次見面。

婚後兩人感情一直不好，雖然張幼儀並沒有綁小腳，但在留學英國劍橋的徐志摩看來，她整個人就是一個「鄉村南瓜」。張幼儀在結婚兩年後跟隨徐志摩到了英國，她曾希望西方生活會改變兩人的婚姻關係，但是徐志摩一直對她很冷淡，並以「纏過的小腳」和「西式服裝」來形容兩人的不匹配，進而主動提出要與張幼儀離婚。

一九二二年，當徐志摩與張幼儀離婚時，中國雖然已經經歷了以「科學和民主」爲訴求的學生「五四運動」，但整個中國大地仍是封建思想的國度，他們的離婚對傳統的婚姻觀念造成極大衝擊。而在對外宣示的離婚原因中，張幼儀不得不擔起諸如「對公婆不孝敬、講話太多、忌妒小妾、諸病纏身」等罪名，作爲徐志摩提出離婚的理由。

離婚後的張幼儀積極充實自己，一九二八年至一九三七年，她擔任上海第一家婦女儲蓄銀行副總裁，一九四九年移居香港，一九五四年與第二任丈夫結婚，一九七四年在丈夫去世後，張幼儀移民來美，住在紐約曼哈頓，一九八八年一月二十日在沉睡中因心臟病去世，享年八十八歲，「紐約時報」曾報導她過世的消息。

徐志摩在與張幼儀離婚前在英國曾有一林姓女友，回中國後又瘋狂愛上陸小曼。儘管徐志摩從沒有愛過張幼儀，張幼儀卻認爲在三個女人中，自己是愛徐志摩最深的一個。她在離婚後照樣照顧徐志摩的雙親，是一個十分傳統的中國婦女，即使在她移居香港、美國後，她仍然經常困惑自己身上東方女性和西方女性的成分孰多孰少。不過在作者的眼裡，「姑婆永遠是個傳統的中國女性，就像中國城裡所有的華裔老人一樣。」

曾經有人對本書對徐志摩的形象可能造成的傷害提出質疑，張邦梅表示，她只是記述了張幼儀的故事和感受，讓她也有講話的機會。

（原載於85、10、12聯合報，本文作者爲世界日報記者）

楔子

那口從中國帶來的雕花桃心木箱，依然站在爸媽家的客廳裡。爸媽家住康乃狄克州，那屋子是我長大的地方。箱子又黑又亮，上頭刻的一隻虎爪緊抓地面，在擺著當代名家設計家具的客廳一角，對我頻送秋波。我走向箱子，把弄箱上繁複的銅件，再闔上厚重的蓋子。箱裡什麼都有，它裝著中國的祕聞、樟腦的氣息，和在另一個時地穿著的衣物，其中有奶奶的繡花絲袍、爺爺的無尾晚禮服、白色晚宴外套和馬褲、阿嬤（奶媽）許媽可愛的圍裙、媽夏天到香港買的幾件斜襟苗條高領綢衫。迅速翻弄這些衣服，我對它們如數家珍。我不假思索將它們折了又疊，這是從小做慣的事。爸教過我怎麼折綢衫，折時要注意領子，那是綢衫最重要的部分。還記得自己曾因爸這麼懂女人的衣服而感到尷尬，但他告訴我，那是小時候從他母親那兒學來的。

此刻，我發現了我要找的東西，是一件黑綢衫，姑婆張幼儀開的雲裳服裝公司裡曾賣過那種款式。從小，我就擁有這件衣裳；有一天，它從爺爺奶奶自上海帶來的家當裡冒出來。雖然衣服上沒貼標籤，但一天午後，我們在家中的箱子裡翻翻尋尋時，幼儀一眼就認出它來。「這是我店裡來的。」她說，那高興的口氣，彷彿遇見了老友。打從那天起，我就把這綢衫當作幼儀的，而且毫不猶豫地接受它的存在，就像接受她晚年送我的禮物——做我的明鏡與良師——一樣。是這件衣衫把我們牢牢繫在一塊兒，載著我們跨越了歲歲年年、世世紀紀。

家裡大部分親戚，我似乎生下來就認得，但認識幼儀姑婆的情況卻不一樣。我特別記得初見面的情景，那是一九七四年的事，當時我九歲，我們張家人一如往昔，在四姑婆位於中央公園西路的公寓聚首。四姑婆自一九五四年移民紐約後，一直是位成功的服裝設計師。她穿著剪裁考究的綢衫，頭髮用假髻挽得高高的，臉上撲得粉白，還搽了鮮紅的唇膏。

我最怕到她家聚會。她老是把哥哥、姊姊和我叫到房間，問我們為什麼沒變胖些、瘦些、聰明些，或是手腳沒變快些，嘴巴沒變甜些，當我們回答得結結巴巴時，就用上海話笑我們。在她面前，誰都不許戴眼鏡，連媽也包括在內，她受不了別人這副醜樣子。

香港來的「親伯伯」

初遇幼儀的那晚，我和家人一起被引進四姑婆的客廳。當時一眼就注意到四姑婆坐的雙人椅另一頭，還坐了位戴著一副大眼鏡的陌生人，她儀態端莊、沒有架子，和雍容華貴的四姑婆似成截然對比。我很詫異這陌生客竟可以不必摘眼鏡。

爸向我們幾個孩子宣布：「這是你們的二姑婆，也就是張家二姊，剛從香港到。」

我羞怯地靠近她，在鄭重與她握手之時，目光穿透那副眼鏡，直入她的雙眸，眸中閃著曾經相識的光芒，好像她從某個遙遠的地方就將我銘記在心似的。記得當時我立刻有種可以信賴這位女士的感覺。

她住在曼哈頓北邊東區的一所公寓，第二任丈夫過世後，才從香港搬來。張家人給她起了個渾名叫「親伯伯」，顯然是因爲家中人開玩笑說她有幾分男子氣。我注視著她的短髮和深色褲裝，喜歡上從她身上傳出的訊息：我討厭洋裝，過去人家老喊我「野丫頭」。雖然爸媽從未提起，但我從堂親和姑姑們那兒聽過她離婚的曖昧傳言，他們用一種暗示著丟臉、可悲的口吻，談論她離婚的事。我直視她的臉，想要搜尋丟臉或可悲的信息，卻只看到平靜和智慧。初次相見的那晚，我並沒有和她說上幾句話。雖然我定期在接下來的幾次家族聚會中看到她，但直到五年以後，才開始與她交談。

一九七九或一九八〇年的夏天，爸打電話給幼儀，邀她來康乃狄克小住數日，他倆顯然在之前的一次家族聚會上討論過這趟遠行的可能性。一九四〇年出生的爸，從孩提時代就和幼儀很熟，那時爸家住上海，轉角就是幼儀家。一九四九年共產黨來了以後，爸和家人便輾轉到香港、東京、巴西聖保羅，然後到美國。幼儀也在同年離開大陸，前往香港，在那兒認識第二任丈夫，一直就在香港，住到一九七四年他死後爲止。

初訪康州的幼儀帶來了粽子的食譜和材料，媽和我在幼儀監督之下，把肉餡和糯米準備好，然後將大片竹葉放在水裡泡軟待包。第一個粽子包出來以後，幼儀宣布我們努力成功。此後每年夏天，幼儀都會帶份新的食譜來，有一年是餃子，還有一年是蝦醬。她會在我們準備做菜時仔細監工，然後給我們打成績。我喜歡她那種從容不迫、細心周密的方法。我們煮東西時，她就夾著英語和國語告訴我中美與古今之別。我在家是講英語長大的，不過讀中學時開始學中文。幼儀與我交談時，從來不帶任何譏責我太美國化、或是我不可能瞭解她所說的中國的口氣。張家這頭的親戚中，沒有人是以這樣輕鬆的態度和我說話的，連我自己的爸和爺爺奶奶都一樣。

當時處於青少年時期的我，正陷入強烈的認同危機。身爲第一代在美國出生的張家人，我徘徊於兩種文化之間，卻不知如何取捨。身爲華裔美人的我，渴望擁有可以讓自己認同的國家，想要追求一個和自己的過去毫不相干的未來；熱切盼望瞭解自己的出身，卻又對自己的傳承感到可恥。

中國第一樁離婚案

一九八三年，我開始在哈佛大學就讀，由於東亞研究系聲譽卓著，便選爲主修科系。本想藉此達到瞭解中國的目的，卻因爲要有系統的分析中國政治和文化傳統而產生困惑。令人氣餒的是，我所學的東西，並未引起我的共鳴，而主修其他學門的同學暗示我應該天生就具備中國知識，也讓我深惡痛絕。如果我對中國的瞭解比不上我的同窗（他們大都是美國人），那我出了什麼毛病？難道我不夠中國？我經常如此戒慎恐懼。

那年在研讀「中國史概論」這門課（同學都戲稱這是「稻田課」）的課本時，無意中在一些課文裡發現張家人的名字，他們經常與「五四」時代（約一九一九至一九二六年）相提並論。這個時代見證了傳統儒家文化在西方思想引領風騷之下所經歷的巨變。一九一九年五月四日，天安門廣場發生了中國史上第一次擁護民主的示威活動，「五四」之名由此而來。這個時代的貢獻之一，是產生了新文體和新文學。我的兩位伯祖張嘉森和張嘉璈（譯注：即張君勱和張公權），也就是張家人口中的二哥和四哥，因在政治界與銀行界的成就而為人褒獎。我自小就認識二伯祖與四伯祖，自從他們於一九七〇年代中期過世後，每次我到舊金山探望爺爺奶奶，都會到他們在加州一座山邊的墓地致敬。

令我驚訝的是，姑婆張幼儀也因為和名噪一時、將西方詩律引進中國現代詩，並協助創辦左右文壇的雜誌《新月月刊》的浪漫詩人徐志摩離婚而被提及，他們的離婚事件常被稱為「中國第一樁現代離婚案」。

大學第一個暑假自校返家後，我熱切等待幼儀來訪。她在我眼中是位值得尊敬的長輩和不諳世故的移民，這位女士和我在閱讀課本時所想像的女中豪傑，會是同一個人嗎？她到訪的第二天，我便拿出提到她名字的課本，央求她從頭告訴我她的故事。

1 一文不值

我是你爺爺的姊姊張幼儀。在告訴你我的故事以前，我要你記住一件事：在中國，女人家是一文不值的。她出生以後，得聽父親的話；結婚以後，得服從丈夫；守寡以後，又得順著兒子。你瞧，女人就是不值錢。這是我要給你上的第一課，這樣你才會瞭解一切。

我生在寶山縣的一個小村子裡，那地方離上海不遠。家裡有十二個孩子——八男四女——可是我媽媽，也就是你曾祖母，老是告訴人家，她有八個孩子，因爲只有兒子才算數。兒子將來要繼承香火，而女兒以後會出嫁，挑起夫家的責任。

家裡生男孩時，佣人把他的臍帶收在媽媽床底下的一個罈子裡；生女孩時，就把她的臍帶埋在屋子外頭，因爲女孩子一長大成人，就要離開娘家，所以沒必要把一個外人的臍帶留下。

你爺爺和我是姊弟，我們年齡很近。我是一九〇〇年生，他是一九〇二年生，中間還夾了另外一個兄弟——七弟，他只比我晚出來十一個月。因爲家裡小孩子太多了，所以我一直到六歲才斷奶。每次想喝東西的時候，我會走到奶水充足的阿嬷跟前，湊近她的乳房。喝了這麼久的人奶，所以我從不生病，就連活到現在這把年紀也一樣，我一直相信這是我身子這麼硬朗的原因。

家裡人說，我天生強若男子，七弟卻恰恰相反，軟弱得像個女人。家人還說，我出生的時候，媽媽身上的男性成分都被我拿走了，只剩下女性成分留給七弟。這說法雖然讓我好笑，不過我可不敢苟同。我想，是生活把我變得堅強的。想想看：我在你十八歲這個年紀，已經結婚三年嘍！我十五歲結婚，二十二歲離婚，這麼年輕就經歷了這麼多事。

我現在一個人住紐約——兒孫都在附近，可是不住在一起——這是美國作風。在寶山，我們一大家子都按中國習俗住在一個大合院，那合院鄰近市中心，有兩個院子——一個正式，一個不正式——還有一間開了八扇桃心木大門的前廳。當地大多數宅子都只有一個院子，和開了四扇前門的正廳，不過我們家在當地擁有許多土地，你曾曾祖父，也就是我祖父，又是清廷的高官。我雖然沒見過他，可是他的畫像高掛在客廳的祖宗供桌上方，還有前院一間特別的小屋裡。小屋還擺著兩頂轎子，是一位朝官送給祖父的禮物，當時沒有一個人家擁有私家轎子，因此它們成了貴重的私產，只在特殊場合使用。後來這兩頂轎子牽扯出一個不幸的故事，我等後面再告訴你。除此之外，這座大宅的風水好得不得了，充滿吉兆。房子朝北會招蜂引敵，向南可以招陽納吉，而我們的合院坐北朝南，也就是背對北方，所以我們運氣很好，找得到有這種方位的房子。

我爸爸有兩個哥哥，我們和他們家人、還有祖母，住在後院後面的廳房。三代同堂，人丁眾多，所以大家各有各的廚房和佣人，甚至還有一個光替張家做鞋的佣人役。那時候，人人都穿布鞋，而我們一大家子每天都需要新鞋。家裡還養了隻德國牧羊犬，有個放洋留學的堂哥在牠小時候把牠帶回家，從此成了我們的寵物。後來我們不得不解決牠的性命，因爲佣人不懂得怎麼照顧這隻狗，餵牠吃了太多碎桌布，搞得牠身上的毛全掉了，接著就開始流血、起皰，一直到我們給牠下了毒，牠才死在睡夢中。

我爸爸，也就是你曾祖父，是個口碑很好的醫生。即使到今天，都還有人跑來告訴我「你爸救了我媽一命」之類的話。他好像什麼人的病都醫得好，可是他擱在診療室外頭的捐獻箱卻難得填滿，這是因爲他的病人不認爲錢財能夠表達足夠的敬意和謝意，所以他們改送他宰好的雞鴨，那些雞鴨每天都用甜酒、白米、鮮蛋或是青菜餵養。有時候，他們甚至送畫來。你曉得你爸爸掛在康乃狄克家裡的那些國畫吧？其中很多原先都得自感謝我爸爸的病人。從他接受以國畫當作醫療費這件事，就可以看出他是多麼好的醫生。當地每個人都知道他收藏字畫，都想給他錦上添花。

爸爸所有的畫都收在他臥房裡的一座高高的桃心木櫃裡，他通常一次取出一、兩卷來，攤在一張有圓圓的桌邊、專供賞畫用的長型矮几上。他說，中國畫要居高臨下欣賞，又解釋國畫的透視法有別於西畫。家裡上好的畫只有在你爺爺（八弟）和我清灰塵的時候才掛起來，我們會用小雞毛撣子在宣紙表面輕輕掃過。在所有孩子裡頭，爸爸只准你爺爺和我靠近他的畫。我們清理畫的時候，他就在我們背後踱來踱去，向我們解說完成某幅潑墨山水或歷史肖像的畫家故事。其中張僧繇的故事我們最愛聽，這位梁代名畫家特別擅長畫龍，可是從來不畫眼睛。有一天，張僧繇完成了一幅壯觀的龍畫，皇帝下詔書命他點上眼睛，他在別無選擇的情況下遵從了聖旨。結果唉呀！那條龍竟然從紙上飛走了！

傳統庭訓的洗禮

你一定要瞭解我必須怎麼樣在爸爸面前應對進退，那是非常合乎禮儀的。我夏天到你家的時候，看到你和父母相處得十分輕鬆自在，不拘小節；我小的時候，大人可不是這樣教我，他們教我要尊敬長上，循規蹈矩。

孝道的第一條訓誡是：「身體髮膚，受之父母，不可毀傷」。換句話說，企圖自殺是不孝之舉。我告訴你這個，是要讓你明白，我在日後過得非常不幸的時候，我爲什麼不能夠了斷自己的性命，因爲我必須光耀門楣，自食其力。

第二條訓誡是：「遊必有方」，去什麼地方，做什麼事情，一定要稟告父母；一生當中做重大決定的時候，也必須經過他們許可。再告訴你這個，是要讓你瞭解，我後來在沒有知會父母的情況下離婚的時候，是怎麼樣違背了過去的家規。

我小時候學到的其他有關孝道的訓示，共有二十四個經典範例，你聽了大概會哈哈大笑。有一個非常孝順的孩子，冬天時會躺在雙親床上替他們溫床，夏天時會先讓蚊子把自己叮個飽。還有一個孝子在他五十歲生日的時候，穿著小娃兒的衣裳跳舞娛親，覺得這樣可能會讓父母感到年輕快活。我最喜歡的故事是講一個孝子的母親病了，在隆冬時節渴望喝碗筍湯，這孝子就在一片竹園裡哭得嘔心瀝血，結果眼淚化作綿綿春雨，竹筍竟然爲他鑽出雪地。

我就是這樣被教養成人的，要光耀門楣和尊敬長輩。所以，除非爸爸要求，我從不在他面前出現，而且從不在沒得到他許可以前離開。除非他先開口對我說話，否則我不會在他面前啓齒。他數落我的時候，我就鞠個躬，謝謝他糾正。我也從不用「你」來稱呼我父親，譬如我從不說：「你要不要再來杯茶？」而必得說：「爸爸要不要再來杯茶？」不過，大半時候，我甚至從來不問爸爸要不要再添茶，我乾脆把茶倒好。能事先料到他的心意，才更孝順。

爸爸是個脾氣暴躁、非常挑剔的人，就跟你爺爺一個模子。其實，我所有兄弟當中，你爺爺最像我爸爸，他同樣有窄窄的臉孔、高高的顴骨，生氣的時候，一樣會提高嗓門或亂甩東西。可怕哦！這種脾氣。

爸爸對食物尤其挑剔得厲害。他有另外的廚房、廚師和伙夫，不和其他張家人共用。祖母、兩位伯父和他們家人平常都把兩家廚房和佣人合在一起，而我們家因爲爸爸的緣故，另外有自己的廚房。早上爸爸吃早飯的時候，廚師、大伙夫、二伙夫會排成一行站在他面前，大聲稟報他們一早從市場買回來什麼最新鮮的青菜和肉類，爸爸就會爲全家人當天午飯要吃些什麼，做好重要決定。有時候，他沒聽廚師說些什麼，就宣布自己想吃的東西。媽媽說，爸爸早上起床唯一的理由是爲了吃，這是實話，想吃的和吃東西這兩件事的確讓爸爸非常開心。他一談到吃的，窄窄的臉上那對眼睛簡直就要跳起舞來，而他並非老是這麼性急；他不是撚著髭尖，就是雙手交抱在瘦長的身體前面（他一點也不胖），告訴廚師該怎麼弄吃的才合他的意思，包括擺在盤裡的樣子、夾在筷尖和捲在舌上的分量、嚼在嘴中的聲音、吞進喉裡的感覺，當然還有嚐起來的味道。味道才是最要緊的。有時候，爸爸會親自進廚房監督廚師做菜，不過大多數時候都叫媽媽監督，就算這樣，在中國家庭裡也並不常見。伯母她們就從來不進廚房，而且有時候會取笑媽媽花了那麼多時間在後面和佣人們混在一起。可是爸爸對吃太挑剔了，根本不在乎自己的太太在不適當的場合露面。再說，媽媽也沒吐過半句怨言，她說如果爸爸要她待在廚房，她就得聽他的。

媽媽許配給爸爸的時候才兩歲大，那時爸爸甚至還沒出生，可是因爲雙方家裡是至交，所以長輩之間決定，如果爸爸生下來是個男孩，就娶媽媽爲妻。中國有句家喻戶曉的俗話說：「老婆長兩歲，處處有米飯。」這在我們家一點都不假，我們過得非常幸福，吃的東西也多得不得了。

我有兩個名字，「幼儀」和「嘉玢」，「嘉玢」是我的學名。「嘉」字筆劃很複雜，「玢」字就很簡單。「嘉」是排輩名，我所有的兄弟姊妹和堂兄弟姊妹名字裡的頭一個字都是「嘉」，有美好、優秀的意思。

爸爸把媽媽娶進門後不久，給張家作了個對句：「嘉國邦明」，意思是：國家美好，國土光明，藉此表達他對中國深厚的忠愛之心。

對句中每一個字都被選作某一輩的名字，像我這一輩的人名字裡都有「嘉」字，你爸爸那一輩的人名字裡都有「國」字，你這一輩的人名字裡都有「邦」字，你或是你哥哥的小孩將來名字裡都會有「明」字。每逢新的一輩，就採用對句中的下一個字當名字，直到用完爲止，然後再從頭開始。

因爲名字的第一個字已經取好了，所以妥善挑選第二個字很要緊。我父母給長子大哥挑了「保」字，有保護、監護、安全的意思。大哥肩挑許多責任；他開了一家棉花廠，老是忙著監督廠務。二哥比較書生氣，他不是書讀個不停，就是熱中與朋友辯論，他名字裡的「森」字代表莊嚴、高貴的意思，這倒很適合他。四哥名字的第二個字是「璈」，是一種古代樂器。

我名字裡的「玢」字是「玉」的意思。中國人認爲，玉是精美、昂貴的東西，代表人類至高無上的美德。玉有九大類，每一類都有不同的國字來表示。我的名字代表的不是通俗常見、色澤青綠的「碧」玉，而是稀奇罕見、晶瑩剔透的「玢」玉。有一次，爸爸旅遊歸來，帶回一只可以捕捉陽光、在他手中微微發亮的別針。那是特意送給我（不是送給我哪個姊妹）的「玢」玉別針，就是因爲我名字的緣故。

「嘉玢」是我學名，我小名叫「幼儀」，這是我每天都用的名字。「幼」有善良的意思，「儀」表示端莊、正直。不知道是不是名字的緣故，我先後在娘家和婆家總是努力做到進退得體，結果我有時候覺得我沒有屬於自己的生活。

外人垂涎的熟瓜

一九〇〇年，也就是我出生那年，義和團試圖圍攻清朝京城北京的西方使節人員，他們得逞了兩天，就被由美、日、俄等國的駐軍所組成的八千名聯軍屠殺了。當時十四歲的二哥張嘉森把一個從前院摘下的瓜果剖開，解釋這場可怕的大屠殺給我聽。我家前院是專留給客人用的，可是牆角一株瓜藤上到處結著熟瓜。有天下午二哥和我坐在那兒，他說我已經夠大，可以瞭解周遭的世界了。

和四哥比起來，我最喜歡二哥，他雖然心不在焉、滿腦子夢想，可是聰明過人。四哥張嘉璈小二哥三歲，卻表現得比二哥深思熟慮、頭腦冷靜得多。他們後來成為我兄弟裡面最有名的人物。兩人在日本完成學業以後，就回到祖國，邁入顯赫的生涯。四哥後來擔任中國銀行董事長，二哥成為具有影響力的政治家和哲學家。

他們兩人都以自己的方式在我一生當中給我關懷。二哥把我憑自己的力量絕不可能學到的事情，解釋給我聽；四哥為我挑了個博學的丈夫，在我不同的人生階段裡指點我，怎麼樣在人前有好的行為舉止，他總是關心外人怎麼看我，二哥卻教我不論外在的行為如何，都要尊重自己內在的感受，這點和家裡任何人都不一樣。

那天下午在前院的時候，我們從別的瓜裡挑了個又大、又硬、又綠的果實，二哥叫我把中國想成那個瓜；他把瓜遞給我，讓我感覺得到它在我手上的分量和熟度，然後從我手上把瓜拿走，用一把刀子切入光滑的表皮，差點將果實切成兩半，又把較大的那半切斷，高高舉起，讓我看得到果汁從他手背滴下來的樣子。他說，這半邊是外國人現在納爲己有的中國省份和港口。

二哥一邊用刀子把瓜瓤挖出來，一邊說明清廷把中南半島讓給了法國、緬甸和香港讓給了英國、東北和旅順港讓給了俄國、朝鮮讓給了日本。他切給我一片厚厚的瓜肉，說那是五個已經被迫開放給英國通商的港口，包括：廈門、廣州、福州、寧波和上海。我們家附近的上海受外國人統治的情況最糟，他們用自己的法律和風俗，支配城中大片地區，犧牲中國人來謀取厚利。

義和團成員主要出身鄉下，他們痛恨所有西方人和西方思想，希望將西方思想從中國連根拔起，不留一絲痕跡。清朝政府也憎恨洋人，因爲朝廷已將大部分國土拱手讓給了外國人。可是慈禧太后和清廷現代化的速度太慢了，虛弱得沒法子憑自己的力量對付洋人，所以就在暗中支持義和團，資助他們在偏遠的鄉下舉行團練，以及移師京城的活動。二哥說，這時守舊思想就顯現出可悲的一面：打從心底排外的義和團相信，古老的功夫和吐納方法可以讓他們刀槍不入，所以儘管義和團人數和洋兵人數相差無幾，他們還是企圖以矛槍取代槍砲與八國聯軍一戰。最後，義和團潰不成軍，造成兩名重要朝臣羞愧自殺，慈禧太后也穿著農人的粗布衣裳，僞裝成百姓逃到西邊，在西安重建宮廷。

二哥說，這些事全發生在我出世那年，他解釋了一些我從小就已經感受到、自己卻沒辦法清楚表達的事情。你知道，媽媽說女人家一文不值、阿嬤咒罵我是一碗「糟蹋的白米飯」的時候，半個我聽進去了，半個我沒聽進去。我生在變動的時代，所以我有兩副面孔，一副聽從舊言論，一副聆聽新言論。我的內在有一部分停留在東方，另一部分眺望著西方。我具備女性的氣質，也擁有男性的氣概。

2 三寸金蓮

我的中文名字「邦梅」是由爸那頭的家裡取的，英文名字「Natasha」則是取自《戰爭與和平》這本書裡的一個人物，因爲我比預產期晚了兩週出來，媽媽就在生我之前鍥而不舍地讀這本書。「邦」代表「國土」的意思，「梅」代表「中國國花——梅花」。雖然爸告訴過我張家的家譜，說他們的名字都是從祖先作的對句中取的，但在我成長的過程中，「Natasha」才是我最認同的名字。我很喜歡寫這個字，高高聳起的大「N」後面挨著三個小小的「a」，「Natasha」也很好發音。只有家人才叫我「邦梅」，每當我朋友聽到這名字，都會放聲大笑。

我在家和爸媽講英語，而且定時忠實收看電視節目「歡樂滿人間」（Brady Bunch）和「鷓鴣家族」（Partridge Family），閒來無事會玩玩「猴子在中間」（Monkey in the Middle）、「勝利得大獎」（Bring Home the Bacon）和踢球的遊戲。我認爲自己和學校其他小孩（主要是白人、中產愛爾蘭天主教徒，還有義大利族裔）一樣是道地的美國人，我到我家附近購物中心的冰淇淋店，也總是知道該點什麼，我會從「友愛小舖」（Friendly's）和「岩路冰品」（Rocky Road）兩家店買客咖啡或薄荷巧克力冰淇淋，要不就在「百酪」（Baskin Robbins）冰淇淋專賣店叫杯杏仁牛奶巧克力冰。

偶爾，當我一手拿著冰淇淋，一手握著找給媽的零錢，走回我們的車子時，我會聽到一羣在街角廝混的青少年以嘲弄的聲音喊著「清客」（Chink）、「華仔」（Chinaman）、「ㄑㄧㄥ——ㄔㄨㄥ——ㄔㄤ」（Ching chong chang）。

每當遇到這種事情，我真希望自己從地球表面消失算了，這讓我想起我有一張和別人長得不一樣的臉。那些午後，我就躲在家中，在那高踞街旁小丘、樓面有高有低的綠色房子裡，我可以坐在客廳的大窗邊，看著其他像螞蟻或甲蟲一般的孩子們從下面飛奔而過。

有一回，我和媽媽、姊姊在購物中心的試衣間換衣服，姊姊穿上一件洋裝，然後用沮喪的聲音說：「不行，不行，這件不好，看起來太像『清客』了。」媽聽了把手一揮，一副要打她的樣子（媽從沒打過我們），她太震驚了。接下來，她帶著深受創傷的表情轉向姊姊說：「不准你再講這種話。」

可是，我能體會姊姊的感受，我也不希望自己是中國人。

爸是教授，媽是教育家，兩人十幾歲就在美國念書，把中文當作第二語文。他們外表年輕標緻，和我在城裡看到的其他中國人——那些開洗衣店和餐館、駝著肩膀、拖著腳步、一開口就露出一嘴爛牙的中國人——不大一樣。我的朋友初次見到爸媽，一定都會帶著驚訝的語氣批評：「他們不像中國人嘛！」或是「他們講話沒腔調耶！」那時，我就覺得很得意。

在我家車道另一頭，有個爸媽還沒動手美化的遊戲沙場，哥哥、姊姊和我在那兒堆了個小山一般、有護城河和灌溉系統環繞的大城堡。有時候，我們會幫爸在自家的地界邊緣栽種枝枒開展的檜木和紫杉，這時大家會在房子四周那片硬幫幫的土壤上亂砍亂劈一陣，玩起找中國的遊戲。我在學校聽說，我們可以在那兒搭上慢速小船，或是往下挖個洞通到地球的彼端。

我常質疑那些故事的真實性，腦海深處也總是響起那些故事的聲音。我曾假想我們把一塊巨石往回拖後，露出北京城中一條擁擠大街的情景，那街上擠滿了人力車夫和頂著可笑帽子的人。

我老是擔心那些中國人接下來會做什麼，當他們看到我的大臉從天上的一個大洞盯著他們瞧時，會怎麼樣？

兩姊妹的傳說

有個傳說講，從前月亮上住著兩姊妹，她們的哥哥住在太陽。這對姊妹長得很漂亮，因爲地上的人們太常出來看她們了，她們覺得侷促不安，就要求哥哥和她們換地方住。哥哥笑著告訴她們，白天出來的人比晚上還多，所以會有更多隻眼睛仰望她們。兩姊妹打包票說，她們想好了一個防止大家看她們的計畫，於是三人就換了地方，兩姊妹住太陽，哥哥住月亮。這下子，如果有人想看這對姊妹，兩位姑娘就立刻用七十二根繡花針，也就是太陽光，刺他們眼睛。

傳說全文是這樣，可是有許多講法，有時候說成那對姊妹從沒離開過月亮，有時候又說成太陽是兩姊妹唯一的家。我是小時候從阿嬤和媽媽那兒聽來兩個說法的。阿嬤在鄉下長大，當姑娘的時候在田裡幹活兒，她把月亮裡的姊妹指給我看，我就對著她們身上隨風飄揚的綾羅裙和小巧玲瓏的繡花鞋，發出美麗的驚嘆。媽媽在我三歲那年，做了個改變我一生的勇敢決定，她教我想像那對姊妹住在太陽裡的情形，又教我要相信眼睛看不到的事情真相。

我腦子裡的天空都被這兩對姊妹填滿了。奶媽晚上為我脫好衣服，再將早上她替我紮的辮子梳開的時候，我就望著窗外，尋找月亮上的姊妹。知道她們在那兒，就安心睡著了。白天我在後院玩耍的時候，頭頂和背上一覺得滾燙，就曉得太陽裡的姊妹也在俯視我。因為孩提時代分別聽過這兩部分的故事，所以兩邊的情節都記在心裡了；我看到了太陽裡的姊妹，也看到了月亮裡的姊妹。

我三歲那年的農曆十二月二十三日，也就是春節前六天，家裡慶祝小新年，這天也叫灶神節。雖然我們不是鄉下人，可是也為了讓相信民間神話的佣人如願遵守這項習俗，一年到頭都將灶神像掛在廚房的爐灶上面，每天為祂燒香，供奉新鮮水果。灶神節這天，灶神爺會下凡記錄祂替玉皇大帝掌管的人家的優、缺點，為了確保灶神爺替自家說好話，佣人就準備美食犒賞祂，而且特地在神像前面的神案上擺上黏乎乎的湯圓，好教祂吃了以後，一路閉著嘴巴抵達皇天。

因爲這些包了紅豆沙的湯圓軟軟糊糊的，所以有人以爲它們也可以把小女孩的腳變軟。我小時候，女人都有裹小腳的習俗，西方人叫這些小腳丫子「纏足」，可是中國人取的名字要美得多，從南唐時代李後主的一位宮嬪開了這項傳統先河以後，就把它們叫做「新月」或「蓮花瓣」。這位擅長舞藝的宮嬪因爲長得太美了，皇帝就叫人用金屬和珠寶鑄成一朵比真花大的蓮花，連同一座池子送她；又要她以絲帛裹腳，在蓮花瓣間跳舞來取悅他。她那優雅的舞步在池水映照下，就好比在雲間掠過的新月，給皇帝留下了深刻的印象，從此其他女子也開始仿效，把雙腳拱成新月那樣彎彎的形狀。這就是裹腳傳統的濫觴。

那纏過的腳有多小、有多美呢？把你的手給我，你大概就可以知道小腳的纏法，還有要怎麼樣溫柔地把腳趾彎到腳底，直碰到腳跟爲止。把你的手掌想成腳底，再把手指想成腳趾，看到我怎麼樣把你的手指和手掌合攏，弄成一個鬆鬆的新月形拳頭了嗎？這就是纏好的腳。纏到後來，你得用腳後跟和趾關節來走路。如果兩隻腳的形狀纏得完美無瑕，你就可以輕輕鬆鬆在腳趾和腳跟之間的縫隙塞進三根手指頭。

我的母親有雙三寸金蓮，她每天早上都用乾淨的布條把腳裹著，到了傍晚再泡在加了香精的清水裡。她走路的時候，身子僵直，臀部搖擺，繡花鞋尖會輪流從裙襬露出。出身鄉下的阿嬤，腳大得像個男人。她說，如果我乖乖的，長大後就會像媽媽一樣又白又漂亮，就和月亮裡的一個姊妹一個樣兒。我頭一次看到月亮姊妹，是在中秋節的時候。那天一家人先品嚐月餅和當令的石榴，半夜再起床聚在後院，一邊穿著睡衣打顫，一邊欣賞高掛當空的滿月。阿嬤第一次把我包在臂彎的籃子裡帶我出門賞月，是我兩歲時候的事。她要我仔細觀察月亮周圍那團霧氣和月亮表面那些模糊的凹痕。她說，那表示月亮姊妹在上頭，聲音中帶著股驚嘆的意味，接著我就看到兩個身穿閃亮長裙，腳踩玲瓏絲履的姑娘飄浮在月中。那天深夜，我閉著雙眼，腦子裡都還感覺得到月亮發出像耀眼的星子一般的光輝，而且夢見那兩姊妹從我頭上飄過。

三天纏腳經歷

我三歲那年的灶神節，阿嬤教我自己吃掉一整顆湯圓。她說，這樣有助於把我變軟，可是我一直到第二天早上才明白她的意思。媽媽和阿嬤帶著一盆溫水和厚厚的白棉布條來到我床邊，她們把我的腳泡在水裡，再用厚濕布條綁起來。當布條緊緊在我腳上繞完以後，我看到眼前出現一片紅，而且沒辦法呼吸，覺得自己的兩隻腳好像縮成了小蟲一樣，於是我開始尖叫，我以為我要死了。

「你哭什麼哭？」阿嬤數落我，「每個小丫頭都要纏腳的嘛！」

媽媽說我慢慢會習慣的，她也無可奈何。為了盤據我的注意力，她在廚房裡擺了張小椅子，這樣我白天就可以看廚師做飯，而昨天我還理所當然地在這塊地上跑來跑去呢！纏腳那天，只要有力氣，我就尖叫，叫得房子裡都是我的聲音。吃午飯前，爸爸和哥哥們還過來安慰我，下午以後，就只有媽媽和阿嬤來安撫我的情緒，可是我就是沒辦法靜下來。我看到廚師的菜刀上上下下閃著金光，聽到雞骨頭在他又砍又剁之下斷裂的聲音，一聽那聲音，我就尖叫，好像我自己的趾頭被彎到腳底的時候斷了一樣。

纏腳要花好幾年功夫，必須慢慢地、小心地把腳趾骨纏斷。一個小姑娘的腳形就算纏得完美無缺，還是得繼續纏著，才好維持那形狀。她未來的公婆會問：「她纏腳那些年牢騷多不多？」如果牢騷多，他們就會重新考慮要不要把她娶過門，因爲她會發牢騷，就表示她不夠聽話。如果我乖，媽媽和爸爸就會告訴人家，我的雙腳是對形狀美得不得了的金蓮，在經歷纏腳痛苦的那幾年，性情一直平和溫順。可是如果他們沒説實話，每個人都會曉得。灶神爺會告訴玉皇大帝，媒婆會警告我未來的夫家，佣人會在城裡其他佣人面前説我閒話，寶山縣每個人也都會知道張家；要是我不乖，將來就會沒人要，我會嫁不出去，成爲張家的恥辱。

我一連三天坐在媽媽和阿嬤的跟前忍受裹腳儀式：拆掉血淋淋的布條，泡在水裡，重新綁緊。可是第四天早上，一件奇蹟發生了：二哥再也受不了我尖叫，告訴媽媽別再折騰我了。

「把布條拿掉，」他對媽媽説，「她這樣太痛了。」

媽媽説：「要是我現在軟了心腸，幼儀就會自食苦果，誰要娶她這個大腳婆？」

二哥就説現在再也沒人覺得纏腳好看了。

媽媽又問二哥一遍，如果她不管我的腳，將來誰要娶我。二哥接腔：「要是沒人娶她，我會照顧她。」

當時二哥才十七歲，可是從小被教導得言而有信，媽媽就動了惻隱之心，把阿嬤叫來幫忙鬆綁。打從那天起，我再沒纏過腳。

「神經病」，阿嬤給媽媽的決定下了這麼個評語。即使過了幾年以後，慈禧太后通過一連串禁止纏腳的改革，媽媽也准我兩個妹妹長著一雙大腳，阿嬤還是替我們的將來操心：誰要討我們這幾個大腳婆？我們真是不三不四，既不能整天待在田裡幹活兒，做男人做的吃重工作，又不能像閨房裡的閨女那樣安安靜靜坐著不動。

我那雙不出聲音、又扁又平的腳，變成了我的護身符，而且帶著我進入一個嶄新、廣大、開闊的世界。我在廚房裡跟著廚師從砧板繞到爐灶，剝蝦殼或做其他瑣事的時候，可以舒服的站著。媽媽坐在遠離炊火的一張椅子裡，懶散地發號施令。我那兩隻腳的力氣，也成了我的擋箭牌，使我免受堂兄弟姊妹的揶揄。他們喊我「鄉巴丫頭」的時候，我就反唇相稽，然後盡快跑開。在後院偷抓甲蟲的時候，如果牠們想逃跑，我就用腳後跟把牠們踩扁。

我十二歲那年，媽媽生下第十二個，也是最後一個小孩四妹。她生產的時候昏了過去，做醫生的爸爸以爲我們快要失去她和娃娃了，就把七弟和八弟喊到樓上媽媽的房裡，叫他們在一個缽裡撒尿，然後直接端到媽媽的鼻子下面。小男孩的尿味重得像阿摩尼亞，媽媽一聞就醒過來，可是我們都怕得要命。四妹呱呱墜地以後的幾年，媽媽身體一直很弱，所以由我幫小娃娃把飯嚼爛，帶她出去玩，好讓媽媽在屋裡靜養。

有一天，我在後院和四妹玩耍的時候，不小心把她給摔在地上。她先是一愣，過了幾秒才放聲大哭。爸爸正巧看到她摔下來，立刻從屋裡跑出來，抄起四妹，甩了我一耳光，說我應該小心一點，又說我野得像個鄉下丫頭。

那是我這輩子爸爸唯一一次打我。他帶著四妹回房以後許久，我還待在院中落淚。那天近傍晚時分，身子還很虛弱、幾乎從不把鞋子弄髒的媽媽走出屋外，她坐在我旁邊，用手擦去我的淚，緊緊摟著我說，要像天上那對姊妹一般自由自在是很難的。她又擡起半閉的眼睛看著太陽說，可是她們就在那兒，待在新居歡歡喜喜地跳舞和嬉戲。

3 福祿壽喜

我阿嬷許媽也和幼儀的阿嬷一樣出身鄉下，而且我也像愛自己的媽一樣愛她。許媽一九三〇年代就受僱於爸爸家，爸小時候便是由她帶大的。現在，她和我們一起住在漢登市（Hamden）家裡，房間在樓下。因爲她的緣故，我們在家混著講好幾種話：許媽和爸還有我們幾個孩子講上海話；我們自家人全說英語；媽和許媽之間用國語，因爲媽不會上海話。

每天早上，許媽的穿著和她從小在上海附近鄉間的穿著如出一轍，身上是一件縫著不對稱花盤鈕的高領套褂，一條七、八分長的黑褲子，腳上是一雙平底黑便鞋，而且經常掛著一條她一笑得厲害就拉起來遮臉的圍裙。許媽的兒子長爸爸幾歲，現在還住在上海市郊的小村裡。收到兒子來信時，許媽便坐在角落邊哭邊用圍裙拭淚，人變得安靜許多。我就討厭看到信箱裡出現那些裝在紅、白、藍相間條紋航空信封裡的信，那意謂著，哭紅雙眼的許媽一吃完晚飯就會退席，晚上也不會到我們房間給我們講故事，或是邊用上海話數著「一、二、三、四；一、二、三、四」，邊用寬大的手掌給我們拍背。

苦命的許媽

每次許媽一哭，我心裡就難過，因爲我知道她過過苦日子。爸說，許媽一九〇〇年代初出生於上海近郊，快八歲的時候被賣給另一戶鄉下窮人家，他們把她當作陪伴兒子的童養媳，一直養到兩人長大成人結爲夫妻，這是付不起聘金的人家確保兒子娶得到乖巧媳婦，好爲他們生下子息，繼承香火的辦法。許媽的丈夫成年以後，變成賭徒和一無是處的酒鬼。他們在她十八歲時有了第一個孩子，是個兒子。後來其他小孩接二連三地來，但許媽用剝了皮的桑樹嫩枝把他們墮掉了。有兩次懷孕她其實把孩子生了下來，但因爲生的是女孩，就把她們按到屋外的茅坑裡淹死了。她要整理田地，要做飯給婆婆吃，要照料家裡，還要設法以走私鹽的方式多賺些錢，這樣的人可沒功夫照顧女兒。

一九二〇、三〇年代，中國省與省之間的食鹽交易，受到每個省分的軍閥管制，像許媽這樣富冒險精神的農婦，爲了賺取利潤，便試圖在不同省分之間走私鹽。她會把鹽塊縫進內衣襯裡和外衣夾層，讓自己看起來像個胖女人。如果她被逮到，省府的警察或軍閥的侍衛就苦打她一頓，然後把鹽抹在她傷口裡，教她嚐嚐教訓。

每當我特別替自己難過時，她就會用上海話對我說：「儂看看我受過的苦！」接著便轉過身來，撈起她的上衣，讓我看她背上的傷痕。

當年許媽發誓，等她兒子能替他自己和她婆婆燒頓飯，履行她對夫家的責任那天，她就要離開村子，爲自己謀財富。這就是她來到張家的經過。她生下第二個女兒不久，便離開家裡，被四伯祖在寶山縣辦的一家孤兒院聘去當奶媽。

那年是一九三六年，爸的姊姊剛出世，她的英籍家庭女教師雅琪太太（Mrs. Archer）需要一位女傭，我奶奶就告訴四伯祖，四伯祖於是派佣人到孤兒院找個乾淨誠實，願意和城裡一戶有錢人家住的女傭。院裡推薦六號佣人，但她那個星期碰巧不在，許媽便頂替了她。「我是六號。」她大聲稟報，然後毫不猶豫跟隨四伯祖的佣人到了上海。

許媽當了幾年雅琪太太的女傭，學會怎樣替她放溫度適中的洗澡水，怎樣用特製的英國剪子修剪她的腳趾甲。一九四二年，「珍珠港事變」爆發後，爸的家在香港，被日本人接收，雅琪太太也和其他英國公民一樣，被送進集中營；許媽便成爲張家的奶媽頭兒，我爸出生後就由她帶。

「儂爭氣」，爸小時候，許媽一再跟他講這句話，後來又反覆對我們家小孩說，意思是我們自己一定要有番作爲。據許媽講，我們都是她這個目不識丁，不會寫字的鄉下婦人帶大的，如果我們長大以後不能成爲某號人物，那張家上上下下都會怪罪於她。

當許媽用她那雙如土地般又硬又黃的手，把屬於中國的一切傳遞給我之時，我怎能不愛中國？我想，許媽的手耕過的田地、煮過的飯菜、搓過的衣服太多太多了，因此她的手掌和手指帶有一種揉合了手本身、洗碗水、土壤、青葱和生薑的特殊氣味。那是雙無所不能的手：一菜刀就把雞剁成兩半；在我們家周圍那塊新英格蘭堅土上，種出綻放的菊花；毋需參考紙型，就縫出一條褲子或一件洋裝。小時候每天放學以後，許媽就把我叫到她房間，試穿一件她用她在附近布莊的零頭布箱中發現的碎布爲我做的衣服。我床頭的一條被子，也是許媽用零零碎碎的材料、顏色大膽的布條縫製而成。

我和許媽一塊兒出門時，每個人都以爲她是我奶奶。當我牽著她的手穿越購物中心的停車場時，就不怕被那些青少年譏笑了，因爲許媽和我一起經過他們身邊的時候，他們從沒吐過半句話，就算說了，我也不在乎，因爲我感覺得到許媽在我身邊的力量。但願我能像許媽那樣爲周遭人所接受，或是像她接受自己那樣接納自我。她雖然只會說幾句英語，卻能和每天早上送牛奶的人開玩笑，或是和媽的朋友交換園藝妙方。與她同行時，我覺得自己站得很穩，不怕掉進那道分隔中國和美國的危險裂縫；單槍匹馬時，我就會步履不穩地走在兩種文化的邊際之間。當其他孩子喊我「清客」，或是用手把臉擠扁，模仿我斜斜的眼睛和寬寬的鼻子時，我的內在便隨之絆倒，墜入那條裂縫之中，然後站在中國的門牆外，以嘲弄和無知的態度面對它。

雖然我自己盡了力，卻依舊無法避開兩種文化之間的裂縫。學校的小朋友第一次取笑我最愛的那條長褲，告訴我褲管太短、褲襠太高時，我吃了一驚。那褲子是許媽做給我的，我以爲她做的衣服可以保護我，使我免於遭到不友善的批評。後來，我只在家裡穿那條褲子，而且會仔細察看許媽做的每件衣服，找出可能的缺點。從同學那種優越的觀點看中國，會讓我受傷；那意謂著我會跌入那道遠離我的許媽的縫隙中。

家道中落

你看，我沒有裹小腳，可是對我丈夫來說，我兩隻腳可以說是纏過的，因爲他認爲我思想守舊，又沒讀什麼書。我嫁給他的時候才十五歲，這個年紀離開娘家，對一個女性來說，是早了點。可是我剛滿七歲那年，家裡發生了一件不幸的事：我們變窮了。

你是知道的，我們張家人非常好面子。我們堅信中國一句名言：「名節是個人第二生命。」這意思是丟了自己的名譽和家裡的名聲，差不多和丟掉性命一樣糟糕。我們年輕的時候，張家人失去了一切，可是從沒丟過張家人的臉。這是最重要的一點。我們一家人團結一致，緊守著自尊、自器。看別人贏，會學到一些東西；看別人輸，學到的更多。我們遭遇的不幸使我們堅強，幫助我們成爲今日的我們。明白這點，你就可以瞭解自己的血脈了。

我先說說轎子這玩意兒吧，它們看起來像有兩個扶手和一個靠背、接在兩根長長的竹挑竿上的椅子。有時候，椅子上有間四面掛了簾子、可以保護隱私或遮蔽太陽的小房子。你在轎子裡面坐定以後，轎夫就一前一後地把竹竿子扛在肩上，帶你到你要去的地方。那兩根竹竿子很有彈性，所以轎夫一肩扛一根來平衡力量，然後腳步輕快地往前跑，轎子就緩和地顛來顛去。我小時候，我們都是乘著轎子四處逛，非常舒服。

寶山的轎夫都習慣聚集在我們家圍牆外的一棵大樹下，等著賺工錢。比方說，爸爸因爲急診在家中被傳喚的時候，佣人就跑到樹下，僱一頂轎子和三個轎夫。在緊急情況下，爸爸之所以需要三個轎夫，是因爲沒功夫讓轎夫停下來換班，所以第三個轎夫會跟著轎子跑，等其他兩個轎夫當中的一個累了，就把轎子扛到自己肩上。

我可以從一個人坐的轎子，來判斷這個人是做什麼的。首先是看轎子顏色：樸素的青竹轎是普通時候乘坐的；以白布覆蓋和裝飾的轎子是送葬隊用的；披著紅絲幛的轎子是給迎親隊裡的新娘子坐的。再就是看轎夫人數（通常是兩個），它可以顯示乘坐人的身分地位，只有大官才可以僱用兩個以上的轎夫，這是從前社會被分成「士」、「農」、「工」、「商」四大階級的時候所傳下來的習俗。最高階層的士大夫爲社會提供思想和秩序；第二階層的農夫耕種田地，供應食物給社會；第三階層的工匠製造生活所需的工具；最低階層的商人除了替自己生財以外，什麼貢獻都沒有，就算他們僱得起好幾個轎夫，還是不如士大夫受人敬重。

從前上海大部分地區都受外國租界法令的管制，所以市中心沒人理會老規矩，洋人出門想僱幾個轎夫就僱幾個轎夫，有時候多到四個。我聽說有個叫楊祖卿（譯音）的中國人也僱了四個轎夫，可怪的是，他們全是洋人。楊祖卿出身上海一個舊家庭，他痛恨上海有外國租界這件事，爲了讓大家看看中國人在外國管制下所受的屈辱，就僱了四個洋轎夫扛著他周遊外國租界。他下轎子的時候，那幾個外國傭工還得托著他那件特別縫製、衣裾長達十五呎的官服。據說楊祖卿走到哪兒，都蔚為奇觀。

張家的轎子

張家擁有的那兩頂轎子，象徵我們家至高的榮譽。當時大多數人家只租轎子用，我們的轎子卻是自己的，是清廷任命祖父做知縣的時候致贈的禮物。學富五車、大公無私的祖父為官運用的是智慧與法理，而且會定時乘坐這兩頂轎子入宮。祖父死後，家人就用罩子把轎子罩起來，收在前院的一間小屋裡，有特殊大事（像大堂哥舉行婚禮的時候，那是我出世以前的事）才派上用場。

爸爸大哥的長子大堂哥，是我這一輩張家成員中最重要的一員，他依序繼承了這兩頂轎子：當初祖父把轎子送給他長子大伯，大伯又打算把轎子送給他長子大堂哥。大堂哥結婚的時候，用紅絲喜幛裝飾第一頂轎子，然後派到鄰省迎接新娘子。第二頂轎子是用祖父衙門裡敬祖的金絲幛作裝飾，載著在迎親隊裡的大堂哥。

大堂哥娶的新娘子在婚禮前一天坐著轎子抵達寶山，她帶了好多光彩奪目的珠寶來，有玉石、珍珠和翡翠，是嫁妝的一部分。雖然我沒見過這場婚禮，不過大堂嫂把經過都告訴了我，還讓我瞄了一眼她的珠寶。她和大堂哥，還有他們的孩子，住我們隔壁房。通常，一個女人出嫁後，就棄娘家不顧了，可是大堂嫂剛嫁到我們家的時候，因爲太想念娘家了，大堂哥就答應她把雙親搬過來住。她和她父母白天大都在吸鴉片、摸麻將、自己聊自己的。

現在，你有必要知道另外一件事，那就是在我們家，並非所有人都是純血親關係。爸爸那一輩的三個兄弟當中，只有爸爸是祖母親生的兒子，其他兩個哥哥都是祖父大太太生的，她很早就死了。祖母是祖父唯一的繼室，地位比大太太低，可是當時是張家活著的成員裡最年長的，她在大伯從旁提供意見的情況下當家作主。

不過，家裡每個人都知道祖母最寵爸爸和他的妻小。她不斷說媽媽是媳婦裡面最能幹的，因爲她生的十二個孩子當中，有八個是男孩，生男的比率在媳婦裡面最高。每次祖母私底下在自己的臥房用餐的時候，總會挑我們家小孩之中的一個（通常是六哥或我）作陪。佣人會爲她斟上一杯米酒，順便也給我倒一小杯。若干年後，我爲二哥舉行了一個晚宴，來吃飯的周恩來看到我這女子酒量如此之大，還吃了一驚呢！

多事的春節

我剛滿七歲那年，家裡出了麻煩。出事的時候，正逢一年當中最喜氣洋洋的春節。

我穿著過節的衣裳——是一套滑滑紅紅的絲質繡花衣褲，我走起路來褲管會沙沙作響——頭髮緊緊紮成兩條教我頭皮發癢的辮子。我依照過年的規定，表現得中規中矩。那時候，我們相信天上神明會在舊年的最後一個月和新年的頭一個月，監視人間發生的每件事情，然後決定來年要散布什麼樣的福運，即使像被縫衣針扎傷這麼單純的意外，也可以決定一個人一年的命運。所以我很高興，我那個迷信的阿嬤沒把我關在閨房裡做女紅（平常我不能到院子玩的時候，就要待在閨房做女紅），而准我和兄弟姊妹待在一起。偶爾，我會想到廚房幫幫媽媽的忙，小心翼翼不把衣服搞髒。

家裡的糧房堆滿了米、酒和其他年節必須品，這樣我們就可以豐豐盛盛邁入新年了。爲了過節，房子裡也儘量弄得乾乾淨淨。我們一邊在前廳懸掛春聯，爸爸就一邊用上面寫的四個大字「禮義廉恥」，給兄弟們來段一年一度的庭訓，要他們生活過得合乎儒家所訂的「禮」儀標準；一言一行要合乎正「義」；於公於私都不貪圖或偷竊財物，這是「廉」；還要避免玩弄任何陰險的手段，這是「恥」。那時大多數人家都是以張貼寫著「福祿壽喜」四個大字的春聯，來迎接新年；我們掛的春聯卻用了四個不一樣的字，作爲一個士大夫之家作人處世的準繩。

慶祝新年的頭一天，也就是臘月初八這天，我們三家的廚師集合起來準備臘八粥、特別的青菜和豐盛的年菜，還有麥片蓮子湯。當我們一大家子擠在大桌前盡情吃喝的時候，大哥一不小心把飯碗砸到地上，碎成了六片。每個人（包括迷信的佣人們在內）都驚動了一下，爲了安慰大哥，大家一直說：「沒關係，沒關係。」你曉得，在年節期間打破飯碗，其實是件挺嚴重的事。

中文裡面「飯碗」這字眼和「勢力範圍」的意思是一樣，所以，大哥打破飯碗的時候，等於象徵性破壞了他的勢力範圍。

大哥是個「士大夫商人」，雖然受完正統中國教育，可是沒有遵循傳統的路子去當文官。他開了一家棉花油廠，大部分時間都在打理生意。舉個例子說，年節期間，他會在年關結束以前把所有帳目弄好，同時在臘月十六這天，用大魚大肉犒勞員工。可是，那一陣子大哥的工廠經營發生困難，這也正是他的飯碗砸碎的時候每個人都憂心忡忡的原因。當時大哥手下有幾個最優秀的工人被當地一個買辦拐走了，而他在找人頂替的時候，工廠賠了錢。

雖然後來大哥另外拿了個碗吃飯，可是有個佣人小心拾起破碗的碎片放在一邊，等著第二天下午拿給來我們家的補碗匠修補。那補碗匠用一根小小的鑽子在破瓷碗片上鑽進一些小孔，再用細細的金絲把碗縫合在一起。當然啦！補好的碗看起來非常滑稽，因爲白瓷上面交纏著金絲。不過，大哥從那天起到臘月底，一直是用那個碗。家裡只有大堂哥取笑大哥笨手笨腳，他們兩人老是處不好。

春節第三天的夜裡，我被許多人在房子周圍尖叫和奔跑的聲音吵醒。我一邊搖醒可以一睡就不省人事的大姊，一邊從床上衝出去。到了外頭，發現全家人都起來了，連大堂嫂和她父母還有祖母都在。每個人都穿著睡衣一動也不動，女眷們披散著頭髮，在月光下看起來令人毛骨悚然。她們的腳有一部分沒纏好，布條的尾巴都拖在地上了。

原來，大堂嫂的珠寶被偷了！佣人點著屋裡所有的燈籠，池塘對面的鄰居也燃亮所有燈籠。他們的佣人跑過來說，他們看到一個黑影從我們這合院的屋頂跑過去。兩家的佣人就在夜裡好好找了一遍，可是夜賊和珠寶已經不知去向。

搬離大宅院

珠寶失竊的事大概過了一星期，大哥工廠的生意突然好轉。從摔破碗這件事來看，他的勢力範圍理應遭到破壞，所以他瞬間轉運的事情出人意料，而且差不多是個奇蹟。當然啦！我們家裡是很高興。說不定我們這支張家人得到的好運，在甫遭噩運的大堂哥家人看來，是太多了；也說不定是大哥和大堂哥之間老是水火不容，原因我不知道，可是事情過後不久，我看到他們家起了疑心的徵兆：他們全家開始在自己的廂房裡用飯，而且再也不許小孩和我們一起玩。

有一天，大哥經過大堂哥住的廂房的時候，大堂嫂的母親惡毒地說：「哦，那個賊來了。」大哥一聽到這批評，就垂下頭來沒作聲，因爲他覺得自己的好運導致家庭失和很丟臉。這句誣賴人的話，也被在隔壁廂房縫衣服的媽媽聽到了，那天晚上，她告訴爸爸，她不願意再待在一間別人用這種態度批評她孩子的房子裡。

年關結束以前沒多久，爸爸走進房間對我和兄弟姊妹宣布：「我們要搬走了。」

爲了顧全面子，我們在開年的時候一聲不響、匆匆忙忙打理好行李，就離開老家，搬到一個新市鎮。離開祖母是很教人難過的事，可是她老人家爲了維持家庭和諧，就留在寶山和兩個年紀較長的兒子一起住。我們有好幾個月沒看到祖母，後來爸爸才開始偶爾帶幾個孩子回寶山吃飯。他是出於對祖母的愛與敬才回老家的，因爲他不想讓她在當地人面前丟人現眼，只要他定期回寶山，至少張家看起來還是和睦融洽的。

大概過了十年以後，珠寶失竊的事情才真相大白，原來那個賊是祖母廚師的兒子。這廚師是祖母的忠僕，他在無意間聽到兒子吹噓偷東西的事，就當面質問。後來他兒子向祖母認錯，結果從輕發落，被關了些日子。過了這麼多年以後，他才把解開謎團的鑰匙交了出來，原來珠寶是藏在家裡的一頂轎子裡！當初沒有一個佣人想過要檢查放轎子的小屋，更沒有幾個人想過要看看轎子裡頭。

在我們家的罪名正式被洗刷前的那十年間，我們經歷了太多事情。家裡錢財盡失，我兩個哥哥在海外求學的時候，生活艱苦，我也不得不在十三歲那年訂婚。那些年間，我兩個哥哥憑著個人的成就，逐漸挽回家裡的財富和尊嚴，可是一切已經不同往昔，因爲我們再也不能回寶山老家了。

4 嘉國邦明

從一次次的家族聚會裡，我反覆聽到張家人在一九四九年中國共產黨革命以前的故事，內容都與他們的成就、和諧、才幹有關，可是只有幼儀告訴過我轎子事件，別人從未提起或傳述過這件事，好像那是個見不得人的祕密似的。要是曾經有人跟我分享這故事，我相信我會更瞭解張家人，而不會把他們的自尊誤解爲自大，或把他們想要擺脫恥辱的欲望誤解爲獨善其身。我始終好奇自己能不能達到他們的成功標準。

對我來說，我們張家的那些英勇插曲，就像一場鮮活的記憶。從爸或許媽，還有圍坐在四姑婆家那張桌子四周的所有親戚口中傳出的故事，一直是栩栩如生。張家人雖然富有，卻以不屑與金錢爲伍而出名；雖然精明能幹，又有良好權貴關係，卻以不屑玩弄政治權謀著稱。爸很喜歡提起當年周恩來（那時是共產黨和國民黨之間的聯絡人，後來擔任中華人民共和國總理和外交部長）到他家和國民黨員商討大事時，他卻跑到屋外平臺騎三輪車這檔子事。一九四〇年代中期，大家認爲只有張家的立場中立，所以可以作爲兩個黨派非正式會面，以及嘗試討論意識型態差異的場所。

我爺爺（八弟）張嘉鑄在一九三〇年代開發出黃豆的一種革新用途，並成立「中國蔬菜公司」。他二哥張嘉森所組織的國家社會黨（譯注：國家社會黨後來和民主憲政黨合併，也就是下文的中國民主社會黨），在今天的台灣政壇還占有一席之地，四哥張嘉璈曾領導中國銀行。早在我瞭解「伯祖」這名詞代表血親的稱謂以前，我就知道伯祖們的豐功偉績了。

張家人即使在一九四九年離開大陸以後，表現依然傑出。就我記憶所及，我爺爺奶奶自一九六〇年代末，由巴西來美國之後，雖然沒再工作過，卻在舊金山繼續過著出手大方的生活。四伯祖張嘉璈任教於史丹福大學，學校在他過世後，把胡佛經濟學中心（Hoover Center of Economics）的一間閱覽室題獻給他。二伯祖張嘉森則繼續爲他創辦的中國民主社會黨尋求支持，新加坡於一九六五年獨立時，首任總理李光耀還邀請二伯祖到新加坡，協助他成立政府。

道地的張家人

雖然我以爺爺和伯祖們爲傲，但我不知道自己敢於向他們認同的程度有多少。他們都是張家的男人，而每當張家人談起幾個姑婆，也就是張家的女人之時，都是稱讚她們婚姻美滿、嫁了個博學或富有的丈夫，以及在社交場合中具備文雅的應對技巧。張家女人被評斷的標準，顯然有別於張家男人；而我擔心，這種標準會遺留在我這從未到過中國的張家第一代華裔美人身上的哪一部分？

我認爲張家人就代表中國人，並未在兩者之間畫分界線，也未曾發覺有多少事情對張家人而言是具備特殊意義的，譬如他們的尊嚴、他們的正義感。媽的娘家在中國也很知名，我在耶魯大學的一個中文老師把她家叫做「狂放」世家，因爲他們釀造出廣受歡迎的茅台烈酒；尼克森總統於一九七二年初訪大陸時，就是接受這種酒招待，但是媽家裡的人很少像張家人那麼愛討論自家的傳統。

雖然我希望自己能像幾個伯祖那樣功成名就，但爺爺奶奶只有在一家豪華餐廳裡，注意到我「像個小公主」一般坐得又挺又高，還有稱讚我那長在「張家真傳」臉蛋上的高額頭時，才說過我是「道地的張家人」。

張家長輩在與我哥哥說話的時候所表達的意思，顯然清楚得多。哥哥小時候很早熟，大家都指望他成就偉大事業。爸媽還是白天要工作的研究生時，爺爺曾到劍橋市（Cambridge，譯注：哈佛大學與麻省理工學院所在地）的爸媽家探望過一次，他問四歲的哥哥說：「你認識波士頓嗎？」

哥哥答說認識。

第二天早上，爺爺帶著他搭乘地下鐵到波士頓市中心，他充滿期待地看著哥哥說：「你開始介紹波士頓吧。」

哥哥聽了，露出狼狽的樣子。

爺爺說：「我還以爲你說你認識波士頓呢！」

「我認識呀！」哥哥擡頭挺胸說，「是B—O—S—T—O—N。」

當時，爺爺對哥哥真是失望透了。事後，他經常把這故事當笑話講給哥哥聽，語氣中卻總是深含哥哥沒有達成張家期望的意思。

展開新生活

寶山老家的大合院有兩個院子，前面橫列著四扇大門。轎子事件以後，我們搬到南翔一座面積小很多的合院，只有一個院子和兩扇大門，可是我立刻就喜歡上新家了，因爲那裡有個不常見的特點：房子後面的蓮花池裡，有一間立在幾根腳柱上的船形小木屋。以前這船屋被當作春天喝茶的茶亭，可是我們家小孩太多了，就變成孩子們的房間，其中一間給男孩住，一間給女孩住，還有一間給以後來家裡教書的先生住。

搬家的時候，我七歲大。雖然二哥和四哥在日本留學，可是大概還有十七個人（包括大哥和三哥的妻小在內）同處一個屋簷下，所以家裡有很多張嘴要餵。爸爸離開寶山老家的時候太要強了，並沒有要求分家產和租金收入，所以我們被迫自食其力，依靠新收入過活。我們離開寶山的時候正逢年尾，通常那是老家大肆慶祝的時節，爲了迎接豐衣足食的新年，佣人們會在甕裡填滿金幣，在廚房堆滿鴨肉、火腿、白米和食油。可是我們到南翔的時候，卻一無所有。

搬到新家的第二天還是第三天傍晚，有個穿著粗布棉袍的佣人瘋狂地敲我們家大門，問爸爸是不是醫生。

爸爸說是，那佣人就說明他是從鄰近一個合院來的，他主人忽然病倒了，問爸爸能不能原諒他在年節期間登門打擾，到他家給主人看病。爸爸拿起外衣和醫藥包，就跟著那人出門了。爸爸治病的威力想必是好好發揮了一番，因爲幾個鐘頭以後，他回到家裡把我們統統喊了出來，得意洋洋地從口袋掏出四塊錢銀元。全家人高興極了，花了兩個銀元買春聯，留兩元在家裡準備迎新年。

所以，我們還算幸運地在南翔展開了新生活。所幸我們沒離開老家太遠，爸爸也就不必都招攬新病人上門。雖然他給許多新病人醫病，不過也收起醫療費來了。起初，他覺得要開口向人要錢很難爲情，可是那些相信我們家無辜的病人（張家遭竊的新聞很快就傳遍當地）都樂於助爸爸一臂之力。在這以前，爸爸從來不必靠自己一個人掙錢來養家活口。經濟上的負擔，加上離開母親和兄長所承受的情緒壓力，使他有時候變得比較易怒和疲累。說實在話，爸爸這段時間在生活上遭遇困頓，恐怕是後來促成他早逝的原因。無論如何，我永遠都不會忘記珠寶失竊後的頭幾年裡，爸爸所表現的慈悲和尊嚴。

根據中國傳統，我們每年年初要拜見長輩。搬到南翔的頭一年，六哥和我跟著媽媽到她父母家拜年。從我們新家到他們家，大概要花半天的路程。我們坐著一輛綁在腳踏車後面的人力車，從顛簸的鄉間小路走過。六哥和我穿著我們自己的第一套漂亮絲質衣褲，他穿藏青色，我穿大紅色。等我們穿不下這兩套衣褲以後，就給弟妹們穿。在我們家的經濟狀況恢復舊觀以前，這兩套衣服是孩子們之間穿過的唯一體面的衣服，誰穿得最合身，誰就可以跟著爸爸媽媽去拜訪人家。

媽媽的父母爲人非常親切，我喊他們「外公」、「外婆」，因爲中國人把母系當作「外人」，而從父系追溯血源。外公是個信奉儒教的士大夫，在當地教小男孩唸古書，每天花好幾個小時讀書靜思。外婆依據外公的處事原則，以簡樸持家，只穿布衣不穿綢衣，也很少把雞鴨魚肉端上桌，只擺上青菜。

爸爸和媽媽雙方的父母親是至交，爸爸沒出世以前，兩家就約定將來爸爸要娶媽媽。寶山的房子當初就是外公外婆賣給祖父的，所以他們聽到我們從這房子搬走的消息，尤其是聽到我們搬家原因的時候，心裡難過極了。外婆安詳的態度變得焦躁不安，外公胃裡也發出深沉的咕嚕聲，好像患了嚴重胃痛似的。

中國人認爲惹父母操心是不孝之舉，因此，當媽媽告訴外公外婆張家家庭不和，還有我們處境不如從前的時候，我很訝異。但是，沒想到他們一面安慰，一面給意見。外公外婆說，媽媽對張家祖先的責任在於恢復使張家人暫時分裂的不和狀態，而且端出儒家的「五德」——「仁」（慈悲或仁愛）、「義」（正直或公道）、「禮」（規矩或端正）、「智」（智慧）、「信」（誠實）——力勸媽媽要對誣賴我們的大堂哥，特別是要對思子心切的祖母行「仁」。

到外公外婆家探望了三天，回到家以後，媽媽就把這些有智慧的話重複講給爸爸聽。爸爸聽了嚴肅地說：「如果一個男人不能維持家庭秩序，他本身就無『禮』可言。根據孔夫子的講法，男人是家庭的榜樣，家庭又是國家和所有百姓的模範。」

爸爸的意思是說，大堂哥誣賴他的兒子偷東西，等於是誣賴他本人。可憐的爸爸！我看得出來，他連說這幾句富含哲理的話的時候，臉上都帶著哀傷的表情。他是至孝之人，所以痛恨自己因爲遺棄老家和祖祠而陷祖母於不快樂。

爸爸也是個非常愛國的人，所以才爲張家挑了「嘉國邦明」這幾個字。他選這些字還有第二層意義，把兩個音似形異的字（「家」和「民」）換上去，這對句又有「由家至國再及於人民」的意思。

第二層意義得自傳說中的堯帝所寫的書。他從西元前二三五七年即帝位以後，輝煌統治了七十年。據說這位仁君生下來的時候，眉毛上有八道不同的顏色。根據《堯典》的記載，堯帝先教化自己，成爲家人模範；使家人都和睦相處，再和家人共同治理國內人民，使民智大開；最後又和這些人民統一全國無數邦畿，使所有邦民都獲得改造，結果是天下合一。當爸爸引述孔子的話，說一個男人是家庭的榜樣時，心裡一定想到了這觀念。想必他一直非常難過，覺得自己好像沒有盡到對家國的責任。

媽媽慫恿爸爸再考慮考慮她的話。她說，大堂哥誣賴大哥偷東西的時候，她也好想離開寶山老家。可是經過進一步反省，她覺得他們對張家盡本分的途徑，也許是寬恕大堂哥。爸爸裝作沒聽見媽媽的話，搖搖頭轉身就走。不過，那天晚上他沒看書。接下來幾天，他待在房裡沉思，甚至連飯都在房裡吃。最後，他終於出現了。他把家人叫到身邊，告訴大家他決定讓步，我們要在重大節日回寶山向祖母請安，同時和他的兄長們一起祭祖。要不然的話，我們就要繼續舉目無親地住在南翔了。

爸爸下定決心，不管家裡經濟狀況如何，他都不會犧牲兒子的教育，他的兒子將來會有所作爲。所以爸爸用他在我們搬到南翔以後賺到的第一筆錢，聘來一位教書先生，要他和家中男孩一起住在船屋上，教他們四書五經。

從第四世紀以後，中國男子就透過全國科舉考試制度的選拔，來填補政府要職空缺。考試有三種：文試、武試和雜試。這些競爭激烈的考試每年都在省城和京城舉行，考試的科目通常是詩詞散文，應試者總有兩、三千人。你曉得，在過去的中國，爲了能在政府裡謀得一官半職，誰都必須熟讀四書五經，結果許多出身普通地主和商賈家庭的年輕人，也可以進入政府。

不過，後來政府出現了一些改革，大家認爲以前的考試制度太陳腐了，因此才過了幾年，這項沿用數世紀之久的制度就被廢除了，一個全新的考試制度登場，其中有專爲歸國留學生而設的考試科目。二哥一九一九年從日本回國以後，就參加並通過了最高等的考試。

中西學兼備

爸爸曉得要爲兒子的將來鋪路，必備的條件是什麼：兼具扎實的儒學底子和現代的西學訓練。從十九世紀下半葉以來，中國最優秀的學子都以公費（甚至私費）送往日本、歐洲或美國學習西方國家的典章制度。日本之所以也被當作西方國家，是因爲它在十九、二十世紀之交，打敗了俄國。

這批年輕人從國外回來，大家就期望他們協助改造中國。當時政府正進行種種變革，而這些被稱爲「歸國學人」的年輕人就此站上了改革的前線。

爸爸安排送二哥和四哥到日本頂尖的大學留學。我們搬到南翔的時候，四哥正在慶應大學攻讀財政和經濟學；二哥也在早稻田大學修習法律和政治學。雖然這兩個哥哥爲將來在政府謀得要職鋪好了路，可是爸爸又爲其他兒子的前途操起心來。

他很想讓幾個兒子先在家裡跟著先生完成古書教育，再把他們送進教授西方學科的新式學堂，作爲將來到國外深造的準備。比方說，二哥和四哥從九歲或十歲起，就到上海廣方言館讀書，取得優等成績後，才得以進入日本大學。

爸爸讓二哥和四哥中西學兼備，等於是把他們送上了典型的仕途。而他之所以希望兒子中西學兼備，是因爲中西學彼此有天壤之別。

孔子把自己的學說遠溯至西元前十一世紀的周公時代，他講學的時候強調人要接受約束，譬如要受形成社會基礎的「三綱」——君臣、夫婦、父子——約束。我兄弟上的儒學課程，也包括了我們固守的二十四孝。譬如《孝經》記載了舜帝（自西元前二二五五——二二〇八年統治中國）的事蹟，是因爲儘管他父母幾次想殺了他，他還是很尊敬他們。

五哥和六哥上的新式學堂已經沿用不同的課程，其中包括地理、物理之類的科目，還教授「人人平等」、「工業進步」、「適者生存」這些觀念。當初二哥堅持不該把我的腳纏起來的時候，就是想到了他所受的西學訓練。

那個時候，中國新式學堂的主導者是梁啓超，他把君主立憲和其他激進的觀念介紹到中國。我還記得五哥和六哥排著隊買他的報紙和文集的情形；二哥在日本的時候，就加入了梁啓超組織的政黨，後來梁啓超又成爲我丈夫的老師。

每天早上，媽媽和廚師端著裝了早飯空盤子的托盤，穿過船屋踏板回房以後，哥哥弟弟就開始上課了，他們四、五個人沿著一張長桌子坐成一排。偶爾，要是廚房不需要我們幾個女孩幫忙，教書先生也沒忙著教男孩們功課的話，我們女生就坐在旁邊另外一張桌子前面等先生來。

我和弟弟們一起學了點東西，主要是學給小孩子唸的《孝經》和《尚書》這些四書五經。當然啦！我受的訓練不如兄弟們那樣嚴格，只是坐在課堂裡抄了幾遍入門書給先生看。哥哥弟弟們不只要抄書，還要記住《論語》和《中庸》裡面的幾百行文字。課堂裡充滿了他們嘗試記住課文的朗誦聲，當他們希望記住每段文字而匆匆唸過課文的時候，朗誦聲就變得愈來愈激昂，大家都渴望輪到自己朗誦，先生隨時會點名要其中一人起來背書。

哥哥弟弟們也受到爸爸嚴厲的監視。每天早上爸爸穿衣的時候，會叫其中一人跪在一柱香前背書，一直背到那柱香燒完爲止。你爺爺告訴我，有時候他課文背得不熟，就跪在地上前搖後晃，一邊背書，一邊用嘴對著香哈氣，這樣香就會燒得快些，他就可以從爸爸身邊逃掉了。

西方小孩都是玩到五、六歲才入學，可是我兄弟大概在四、五歲的時候，就開始跟著先生讀書了，而且年紀這麼小，人家就指望他們的舉止像讀書人，所以他們不能玩玩具、射箭和娃娃兵。

讀書人和賭徒本來不應該被混爲一談，可是每次媽媽和朋友聚在一起搓麻將的時候，都會把兄弟們趕到房間外頭，連最小的弟弟也一樣。她們說，讀書人會帶給她們楣運，因爲「讀書人」這幾個字和「賭輸了」三個字是諧音。

雖然哥哥弟弟都具備很好的氣質，可是他們都還是孩子，都還是好玩。住在寶山老家的時候，有一回，媽媽經過屋外的廁所，聽到吵鬧的聲音，就從窗戶偷看，結果瞧見二哥和四哥趁先生坐著等他們上完廁所回去的時候，在茅坑上擺了塊木板擲骰子賭博。

「你們在那兒搞什麼鬼？」媽媽從窗戶這頭大罵，「多丟人哪！還不馬上回去上課。」

二哥和四哥趕緊衝出廁所，站在媽媽面前接受責備，羞得頭都擡不起來。那天晚上爸爸回家以後，也大為光火，威嚇說要他們第二天早上每人背五十行詩作為處罰，只有祖母走進來解救他們。

她提醒我父母，就算是最乖的小孩，有時候也難免誤入歧途，就像偉大的哲學家孟子小時候一樣。據說孟子的母親注意到兒子在喪禮中玩耍，就把家從墓場附近搬走，後來看到兒子在店舖裡嬉戲，又把家從市場附近遷走，最後住到私塾附近，才萬事如意。

我不是個有學問的女人，看看我寫的那一手中國字，就知道不是出自讀書人的手筆，而且我有好多字都不認識。精通中文和精通英文不一樣，如果我有學問的話，我就會用文言文寫東西，那和口語中文是截然不同的。

不過，我學到了像遵從「三綱」、「五尊」——天、地、君、親、師——這類簡單的道理，所以我才知道我丈夫愛上他老師兒子的結婚對象時，是違背了「五尊」裡的「師」。

5 女子的教育

我小時候也聽過很多爸和伯祖們求學時代的故事，這些交織在一起的故事讓我以爲，能嚐嚐做學生的苦滋味也不錯。爸說，張家不再寄那麼多錢給在日本念書的二伯祖和四伯祖後，兩兄弟窮得必須一次只買一本書，讀完以後，還給書店，再買另一本；而且他們只買得起一條洗面巾，所以必須剪成一半來用。

我上學以後，雖然買得起任何我喜歡的包書紙，但卻是班上唯一用牛皮紙袋包課本的人。我的第一條洗臉毛巾，也是一直用到中間破了個洞才換，後來我把它貼在剪貼簿裡作紀念；可見張家人自我犧牲的故事有多大的影響力。

爸告訴我，幼儀在一九七〇年代初剛搬到美國時，來過康乃狄克家裡一次。事後她寫信給住在舊金山的爺爺，爲了我們家每個小孩都有自己的書桌和檯燈這件事，稱讚了爸媽一番。當奶奶把幼儀的信讀給爸聽的時候，他非常得意，也鬆了口氣。

每次我們去探望住在舊金山的爺爺奶奶時，他們都會交給我們一小件功課。有時候是要我們拜謁二伯祖和四伯祖的墳墓，有一次是派我們去中國城中央的一座橋，把刻在橋邊圍牆幾塊銅匾上的「八德」抄錄下來，我把其中的故事寫在我用來畫馬的簿子裡。我們抄寫「八德」的時候，有位和爺爺年紀相仿的中國老先生走過來說：「很好，很好。」

媽也是教育家，我們總是趁她準備飯菜時在廚房做功課，她會就地取材給我們上一課，譬如講到烤東西，就做分數加法。

我讀初、高中的時候，一放學回家就必須馬上做功課，這樣才可以在媽回到家後、吃晚飯前，問她任何（譬如微積分或幾何方面的）問題，遇到媽不會回答的東西，她就去問爸。晚飯過後，他們要求我再多念點書。

有天晚上，媽上樓檢查我用功的情形，因爲第二天有微積分大考，爲此爸媽已經花了一整個星期幫我準備。媽上樓以後，發現我沒有爲第二天的考試溫書，反而在計畫要穿什麼外出服。

於是她火冒三丈說：「你哪裡有毛病啊？」她對我失望之至，幾乎整個週末都沒和我講話。

一九四九年爸的家人離開大陸以後，他就住到日本，後來又住在巴西。去國六年之後，他進入長島一家預備學校就讀。身爲校內少數中國人之一的他，被要求要有好表現，結果他和學校唯一的黑人果真以班上最優異的成績畢業。

高中畢業後，爸進了麻省理工學院。他找了份差事，是在自助餐廳裡蒐集餐盤和托盤，然後堆成一疊送去清洗。有幾個從香港來的男生曾經把食物倒在托盤上，弄得裡面髒兮兮的，故意在他面前亂搞。他們知道爸的家人在中國是何許人物，說爸只不過是爲了好玩裝窮。爸說，他把這整件事當作鴨子背上滾下來的水一樣，不願受其影響。

但願我也有這樣的彈性。爸媽把不是中國人的人，都叫做「外國人」，他們由衷相信，中國人如果不比外國人強的話，至少也和他們平分秋色。每次爸那些耶魯大學的同事自誇他們是「五月花號」乘客的後裔時，他只是溫和地笑笑，一副被美國那尚屬年輕的歷史逗得很樂的樣子。

媽告訴我，她來美國以前，曾在雜誌上看過外國人的照片，當時她心想：好醜啊！一九四九年她從中國搭乘「威爾遜總統號」輪船到美國時，認爲身邊那些外國人長得又大、又毛、又白，活像鬼一樣。搭船的頭一天晚上，她和家人坐在特等艙吃晚飯，看到鄰桌的外國人正在享用桃子麵包。當時九歲的她和姊妹們聽說西方的每樣東西都比較大，於是她們一邊指著隔壁的桌子一邊說：「看看那幾個蠻子吃的大荷包蛋！」

即使聽了這些故事，我還是渴望被我那些白人同伴接納。記得有一天我哭著放學回家，因爲學校的小朋友取笑我，尤其是一個名叫「道格拉斯」的男生。

「ㄑㄧㄥ—ㄔㄤ—ㄔㄨㄥ」老師一離開教室，道格拉斯就這樣大喊。

「ㄑㄧㄥ ㄔㄨㄥ，ㄩㄣ ㄨㄥ」他在走廊、餐廳、校園反覆這麼唱著，還會趁老師沒看到時，整天在他桌前朝我扮鬼臉，用手把眼睛和鼻子捏得扁扁的。

爸教了我一招還嘴的辦法，說是可以讓道格拉斯永遠閉嘴，一聲不響地爬著走開。那是我說得出口的最難聽的話，難聽到我非答應自己只說一次，下不爲例才行。「你只要喊道格拉斯：『你白種王八（烏龜）蛋』就好啦！」爸淘氣地說。我花了幾分鐘才弄明白中文的「王八蛋」，翻譯成英文就是「狗娘養的」。爸解釋說，很多雄龜會在某隻雌龜下蛋之後，尚未孵蛋以前，讓龜蛋受精。爸認爲王八蛋已經夠難聽了，白種王八蛋是最難聽的。可是我馬上曉得這種侮辱方式對道格拉斯並不管用。

我從未告訴過爸，我後來並沒有聽從他的意見對付道格拉斯。我也從沒告訴過媽，她在我向她大吐苦水時所作的反應，犯了多大的錯誤。有一次我告訴她，學校的小朋友在我經過的時候大唱：「ㄑㄧㄥ ㄔㄨㄥ，ㄑㄧㄥ ㄔㄨㄥ」，媽就笑著說：「他們說不定只是想跟你講講中文，你應該替他們難過才對。你聽，他們連是哪幾個字都搞不對。」當我解釋他們是在取笑我的時候，媽爲難地皺皺眉頭說：「依我看，不管他們是什麼時候對你講蠢話，你都應該轉過去對他們說：『我敢打賭，你們只不過希望自己是像我一樣的中國人罷了。』」

那個時候，爸媽提供的忠告看起來天真得可以。如今我才領悟到，他們是以設法引導和保護我爲榮。

早婚的宿命

一九〇九年，二哥和四哥從日本學成歸國。四哥接受了郵傳部（譯注：即現在的交通部）的一份差事，把薪水貢獻給家裡，也接掌了安排家庭預算的大權。他嚴肅地跟媽媽提起一樁和家計有關的事情：家裡前途未定的孩子太多了，十二個孩子裡面，有五男四女還沒結婚；四哥就建議媽媽開始鄭重籌畫女兒的將來。

於是媽媽把相命婆召來家裡，給十四歲的大姊算命，因爲她是最大的女兒，所以趕在其他女兒之前，把她的婚事訂下來很重要。相命婆就看了大姊的生辰八字。媽媽和大姊跟相命婆談完出來以後，都面露憂戚之色。大姊淚流滿面，匆匆退回閨房。媽媽平淡地宣布：「大姊要好些年不嫁人，相命婆說她得等到二十五歲才能出閣，要不然丈夫會早死。」

我是二姊，就接替了大姊論及婚嫁的位子。這就是我成爲徐志摩結婚對象的由來。

一九二一年，在我已經嫁給徐志摩，而且離開中國到英國與他團聚以後，大姊和我婆婆變得很親密。當時還待字閨中的她，到鄉下和我婆婆一起打發時間，不是帶禮物給我婆婆，就是陪她打麻將，講些上海不同人物的故事給她聽。一九二二年徐志摩同我離婚的時候，大姊二十六歲，還是自由之身。幾個月後，我婆婆帶著後悔的口氣對媽媽說：「我們當初說不定應該娶大小姐的。」

婆婆講這話並沒有惡意，人的命運就是這麼奇怪，也許大姊才是應該嫁給徐志摩的人。可是我曉得，要是這樣的話，他們兩人還是會離婚。第一，徐家不會欣賞大姊隨興花錢的習慣；第二，大姊根本不關心書本和學校，而徐志摩要的是有學養的女人。

相命婆給大姊看八字的時候，我大概十歲。在得知自己即將早婚的命運以後，我覺得自己命在旦夕，因爲我一旦結婚，就得服侍丈夫的家人和生兒育女。

我想求學，可是爸爸媽媽不會花錢給女兒讀書。爸爸對兒子的前途高瞻遠矚，可是沒有足夠的金錢操心女兒的教育費。我想，要不是我們家變窮的話，爸爸就不必這麼擔心八個兒子的教育費，也可能會大方一點，讓我到像我丈夫所愛的女人讀的那種一流學校上學了。

我的求知欲打哪兒來，我並不清楚。媽媽那個時代的女子在離開娘家出嫁以前，向來都是大門不出，二門不邁的。搬去和丈夫、公婆同住後，孩子就一個接一個地生。對我母親那一輩的人來說，女孩子家出外求學，是不可思議的事。有句俗話說：「女子無才便是德。」因爲沒讀過書的女孩比較順從夫家。

那個時候，我們家鄰居有兩個女兒讀上海一所新式女校。每天早上，她們在趕火車以前，都先穿上制服，是茶色的長褲配上無領襯衫。她們每年來我們家拜訪的時候，媒婆都說兩個姑娘才貌雙全，其中一人保證適合張家男孩，可是媽媽聽了嫌棄地皺起臉來。她所有衣裳都有遮住脖子的高領子，她認爲那兩個女孩這麼樣把脖子露出來，是不可饒恕的。「這兩個時新女孩絕不能嫁給我兒子。」媽媽聲明。

我是家裡四個女孩當中最在意教育的一個。大姊只在乎怎麼討人歡心和搓麻將，後來染上鴉片癮；三妹喜歡食物和烹飪，所以她最胖。我們搬到南翔幾年後才出世、現在是服裝設計師的四妹，把主要心思放在藝術和設計上，在我們家經濟狀況改善以後，她每天都叫一位裁縫師來家裡給她做新衣。

我認爲我想受教育的欲望，是來自我曉得自己生在變動時代這個事實，而且我非常崇拜二哥和四哥，又是家裡第一個沒纏腳的女孩。只大我兩歲的大姊有雙小腳，她對書本和知識完全沒耐心。

我丈夫後來愛上的兩個女人大概都只小我兩歲，可是受的教育比我多得多，她們和我一樣也沒纏過腳。我想，從我這一輩的女性開始，希望接受教育的人之所以愈來愈多，是因爲中國認識了西方的風俗民情。

一九一二年，也就是我十二歲那年，我的小妹誕生了，她是第十二個、也是最後一個小孩，家裡需要我照顧她，我雖然默不作聲幫媽媽的忙，替四妹把飯嚼爛，在她玩的時候從旁看守她，可是我心裡還是惦記著上學的事。

正式上學

四妹差不多半歲大的時候，有一天，我在上海《申報》上，發現一條蘇州第二女子師範學校刊登的廣告。上頭說，學生頭三年上課，第四年實習，教低年級的學生，畢業時可以領到一張小學師資證書。學校教的是新式西洋學科，頂好的是，一學期只收五銀元學費，其中包含食宿費、書籍費、零用錢，甚至還有假日往返蘇州的火車票錢，便宜得教人不敢相信，我很肯定爸爸會願意付這筆錢。

於是，我把這想法告訴媽媽。她聽到學費的價錢以後，問我的第一件事是，學校制服有沒有領子。我告訴她，廣告上沒提制服的事。媽媽就說，蘇州太遠了，她不會讓我隻身離家。蘇州位於上海以西大約六十哩的地方，以有特殊石頭造景的庭園和出美女名聞遐邇。據當地人講，皮膚光滑、講話輕快的蘇州姑娘，對男人可以予取予求。

我打定主意要找人陪我一起到蘇州，結果總算說服大姊去上學。現在我已經不曉得當初是怎麼說服她的了；她是個愛偷懶、又對讀書沒興趣的人，不過她還是非常同意去上學，反正她還有好長一段時間不會結婚，沒有其他打發時間的辦法。在得到媽媽許可以後，我去見爸爸，問他願不願意爲我們付這家學校的學費。爸爸老說教育女孩太花錢了，可是也沒法抱怨這家特別的學校，因爲學費太便宜了，送我們進學校，差不多比把我們養在家裡省錢，我這麼想。爸爸稍作考慮後，終於同意送我們去蘇州。就在大事似成定局的時候，我才得知這家學校要求入學考試。

「我們怎麼辦？」大姊問我。我們只在家裡跟著先生學過一點東西，覺得自己什麼都不懂，可是我們非進這間學校不可，那是我們唯一負擔得起的學校啊。

當時二伯有兩個女兒已經在學，大姊說她們天資聰穎，說不定可以幫我們考試。

雖然我提議，我們說不定可以一起準備，可是她搖頭表示，她上學的目的只是爲了陪我，可不想被迫讀書。她說，如果沒有一個堂姊要幫她考試的話，她一定考不過。

所以，爸爸再回寶山省親的時候，就請求兩位堂姊用大姊和我的名字代考。雖然我到今天仍舊不曉得，他爲什麼要向自己平日堅守的崇高道德標準讓步，不過還是謝天謝地！爸爸退讓了，堂姊們也同意了。我告訴大姊，我們至少應該嘗試憑自己的能力通過考試，於是她和我也去應考了，不過用的是堂姊的名字。這麼一來，要是考不過的話，也無傷大雅。

結果我們四人統統過關啦！大姊大笑說，她大部分答案都是用猜的，我卻大大鬆了口氣。

後來，堂姊把她們的名字和得分讓給我們在考完試以後遇到的兩個女孩，她們沒有過關，所以非常感謝陌生人這麼樣幫忙。我始終沒法弄清楚，她們怎麼樣應付在學校冒名頂替的事。

我們離家那天早上，媽媽哭著差遣一個佣人，把我們送上開往蘇州的火車。到了校園，裹著小腳的大姊呻吟說：「地方這麼大，我要怎麼樣在這兒走動啊！」

大姊和我被安置在宿舍二樓的一間寢室，另外有四個女生和我們同寢室，其中三個人也和大姊一樣裹小腳，她們四個老是埋怨校園太大，而我覺得校園其實很小。校內只有三棟建築：宿舍、教室和餐廳，三餐吃得很簡單，每餐都是在一張圓桌子中間擺上四、五盤菜和一大碗白飯，十個同學一起坐在桌前用膳。大姊說，爸爸絕不會把學校這些廚子請到家裡，她老是寫信回家要媽媽寄吃的來；而我是有什麼吃什麼，因爲我不想糟蹋爸爸每學期付的那五塊銀元。儘管學費這麼低廉，我們還是有校服，大家把像圍裙一樣的藍罩衫套在平常穿的衣服外頭。我寫信告訴媽媽，我們的脖子是遮著的，她看了很高興。

學校大概有四十個女生，很多人都纏腳，她們差不多至少都長我三歲，我才十二歲。我們上的課有地理、算學、歷史和文學，老師都是男的，上課的時候，拿著戒尺在教室裡大步走來走去。他們雖然不打我們，可是每次一有學生背錯課文，就用戒尺敲打課桌。我很用功，全校只有另外一個學生和我一樣拚命，她也有一雙沒纏的腳。有一次她對我說，我們學校的學費太便宜了，所以老師必須寬待學生，要不然學生會走掉。

學校的課是早上八點開始，我們七點起床，整理床舖，穿上制服，匆忙吃過早飯，就穿過小小的校園走到教室，在老師到教室以前，先準備功課。我總是替大姊拿書，而且想辦法配合她碎碎的步子。看大姊走得這麼痛苦，我就難過；可是她很多方面都過得比我輕鬆，因爲老師對她比較寬宏大量。她雖然聰明，可是從不讀書，好像老在替朋友做東做西，甚至清洗或是縫補她們的衣服。每次她在課堂上答錯問題，老師都說：「哦，沒關係。」可是，如果我答錯了，老師就會拍著戒尺說：「怎麼會是這答案？」

大姊跟我太不一樣了。她從不擔心將來，而我總是想到明天，而且認爲功課和遊戲一樣重要。大姊後來終於在我離婚以後不久結婚，她挑了個家庭背景不穩、完全沒讀過書的闊少爺作對象。當時我住在德國，我寫信告訴她，這不是個好主意；要是錢花光了，就什麼也沒得依靠了，她說他家的錢多得永遠都花不完（他家在上海擁有很多商業地皮和一家戲院）。後來他們大概過了十四年好日子，大姊生了個壯丁，丈夫也不賭錢，把一堆地契收在貼著房間一面牆站的大衣櫃頂上，每個月租金一進來，就把成袋成袋的現金扔到櫃子上。

一九三七或一九三八年，有一天，大姊跑來見我。那時我擔任上海女子商業儲蓄銀行副總裁，在銀行最後頭的地方，有張可以縱觀全局的辦公桌。大姊用她那雙小腳蹣跚地穿過整間辦公室，淚眼涔涔坐在我面前說，早先她一直不敢告訴我，他丈夫去年像瘋子一樣狂賭不休，玩的是一種用三十二張骨牌做賭具、名叫「賭牌九」的賭戲。起初他還贏錢，可是現在開始輸錢了。每次他一賭輸，就到衣櫃拖出一袋錢，丟到賭桌上再擲一回，她和兒子都阻止不了他。家裡的錢已經教他花光了，他就開始拿那些地契。有個相命士告訴過她，等到最後一張地契也去了的時候，她丈夫就會死掉。

大姊希望我從他手上把地契要來，存在銀行保險箱裡。平時我是不會介入這種事情的，可是打從我們一起上學的時候起，我就習慣照顧大姊，而且我一向擔心她丈夫，也一直認爲他不適合她。

於是我去找大姊夫，告訴他我要衣櫃上面剩下的那些地契。他不肯給，說他需要用這些地契來支付姨太太女兒的教育費。雖然我認爲他是想拿那些地契去賭錢，可是我還是走掉了。一個星期以後，我又回去找他，騙他說我已經替他女兒付了學費。

我堅持說：「至少給我一張地契，那是最後一張地契，你不可以動用，我要放在我銀行裡。」

他並沒有查證我編的故事是否屬實，就給了我一張地契。

幾個月後，他出現在銀行說：「我非要最後那張地契不可。」雖然他看起來又憔悴又虛弱，可是我知道他不達目的絕不罷休。他恐嚇說，要是拿不到地契，他就要自盡。最後，我還是把地契給了他；誰能和一個這麼不顧死活的人爭辯呢？事後不久，他就壽終正寢了，正如替大姊算命的人預測的結果。

雖然我不明白原因，可是學校老師好像對纏了腳的女生比較不嚴，大概他們認爲這些女孩觀念守舊，沒有學習能力吧。

我在訂親之後、沒結婚以前，又回學校上了一整年的課，老師變得懶得管我，要是我答錯問題，也不想費心糾正我。我記得連教學嚴格、一度把我視爲得意門生之一的算學老師和我說起話來，都是一副他曉得我會立刻離開學校，教我什麼都無所謂的調調，因爲學生們總是訂婚以後就退學了，我是極少數幾個訂了婚還返校讀書的人之一。我想，許多女孩會被送到我們學校，只是爲了可以讓家人說他們的女兒讀過書、受過教育罷了。同學裡沒有一個繼續完成學業變成老師的，大家都嫁人去了。

6臘雪寒梅

我十一歲的時候（早在我與男士約會或親吻之前）曾經夢見一名留著棕色鬈髮的年輕白人走進我房間，他大步走向我坐的躺椅，擁我入懷，以令人難忘的初吻環抱著我，那初吻的滋味，正如一個十一歲少女所能想像的那般豐潤和真實。我把自己交付給他，激情而熱烈地回吻。接著，心裡起了某些變化。我鼓起全副自制力，堅定地將他推向房門。

「不行，我非嫁給華人不可。」我說。

夢醒之時，我兩頰泛紅，神智大清。此後，腦際再三縈繞著與那白人親吻的一幕；那讓我拋開一切、獲得解放的一刻。與他擁吻是多麼令人心曠神怡啊！我十一歲的想像世界從未經歷過這樣的自由和喜樂。雖然我並未停駐在夢境的另外一面——把那男子推開，卻已然感受到那種衝突。

我一向認爲爸媽十分新潮，他們的朋友都不是華人，說起英語完全不帶腔調。可是，我在成長的過程中，卻從他們身上接收到我應該設法嫁給華人的訊息。

每當我欣賞家中一些字畫，或是溫柔拭去客廳裡幾件東方家具上的灰塵時，爸就會說：「等有一天你媽和我都去了，這件東西就給你……如果你嫁給中國人的話。」他進一步解釋混血對純種的問題，把人說得像狗一樣。為了繼承張家血統，生出純種中國小孩，我非嫁給華人不可。

每次爸一講到血統和純種的事情，媽就會帶著不自在、又想安慰人的態度，傻笑著說：「別聽你爸的，你愛誰就嫁誰吧！」

不過，媽可從來沒說過我們家小孩「不」應該和華人結婚。我相信她期望看到中、西方都展現最好的一面，也期望我們的結婚對象是我們所愛之人，又正好是中國人。我們，指的是我哥哥和我本人，姊姊自從早年迷上益智遊戲節目主持人鮑伯．巴克（Bob Barker）和其他美國影星之後，就把自己排除在非華人不嫁的行列之外了。

「她真是沒指望囉。」爸對於姊姊嫁給華人的可能性下了這樣的評語。所以，家裡兩個女孩當中，就剩我能繼承張家血統，生下純種中國小孩，不讓我們的血統和任何非華裔人士相混。

爸媽總是說，「價值觀接近」是維繫他們婚姻的關鍵。我在成長的過程中，從未真正瞭解他們說這話的意思。就我所知，爸媽之間的差異頗大，雖然兩人都才智雙全，但是爸處理問題的方法是慢條斯理、深思熟慮；媽卻是速戰速決、全憑直覺。爸生起氣來好像掀起一陣狂風驟雨，十分鐘後就忘了；媽卻會生上幾天、甚至幾個星期的悶氣。爸來自香港和上海這兩大都市；媽出身於中國西邊多山的省分貴州，那兒以窮苦和落後著稱。由於貴州本地不產鹽，所以上海人喜歡開玩笑說：「貴州佬非得在桌上吊塊鹽巴不可，邊吃白飯，邊看鹽巴。」

縱然有種種差異，他們還是深切分享彼此的價值觀，並在教養我們的過程中，把他們的價值觀傳遞給我們。舉例來說，爲了教導我們守紀律、瞭解時間的重要性，以及精益求精帶來的好處，爸媽要我們每天練樂器——我和哥哥彈鋼琴，姊姊拉小提琴。一星期每練一小時樂器，就可看半個鐘頭電視。有客人來訪時，爸媽就要求我們表演給他們看。

爸有個生活理論，那就是每件事情都會依循往例進行，碰到某些關鍵時刻才會出現例外，如果沒有適當運用這些時刻，或在這些時刻作明智的抉擇，那個轉捩點就會一去不復返了。這理論可以應用於生涯規畫、追尋精神生活方向，當然也可以應用於擇偶。所以，就算我把克林．伊斯威特和史恩．康納萊當作夢中情人（而且暗中喜歡他們的體毛），我始終認爲，當那關鍵時刻來臨之際，我還是會作正確選擇。我會把不是中國人的那個傢伙推開說：「不行，我非嫁給華人不可。」

雖然我的確想嫁給華人——目的在於做個乖女孩，尊重父母的願望——但我在剛開始約會的時候，並未限制自己只與華人交往。我二十一歲那年就深深愛上一位非華裔男子，可是，當我與他斷絕關係，並用夢中那幾個字宣告「我要嫁給華人，好讓我父親高興」的時候，連自己都大吃一驚。

雖然從來沒有人（包括爸在內）這麼要求過我，但我對這種期望的感受太強烈了，以致於真的以爲我作了犧牲，我就會變成更堅強、更幸福、更滿足的人。然而，我卻覺得自己被撕裂成兩半，比過去更不確定自己可以找誰來愛。

與徐志摩訂親

我頭一次聽到我丈夫的名字，是在十三歲那年。爸爸媽媽在我放假從學校回家的時候，把我叫到客廳，交給我一只小銀盒子。

我想知道：「這是做什麼用的？」

他們說，看看他的相片。我打開盒子，瞧見一張年輕人的照片，他的頭大大的，下巴尖尖的，還戴了副圓圓的金絲邊眼鏡。

爸爸想知道我對照片裡那個人的看法。

我一言不發蓋上盒子。自從大姊算過命以後，家人一直期待這刻的來臨，我就依著家人的期望說：「我沒意見。」

根據當時的中國傳統，情況就是如此：我要嫁給家人爲我相中的男人。

他叫徐志摩，是四哥幫我發掘他的。四哥在擔任浙江都督祕書的時候，有一部分正式職務是視察當地學校。幾個星期以前，他到杭州府中（譯注：後改名爲杭州第一中學）視察的時候，對其中一個學生的作文印象極爲深刻，尤其是一篇以「論小說與社會之關係」爲題的文章，因爲這篇文字將梁啓超的文筆模仿得維妙維肖。梁啓超是當時中國首要知識分子之一，也是二哥的朋友兼同事。四哥後來告訴我，他翻遍數百份學生模擬梁啓超文章的作品，沒有一篇捕捉到他文字間那種優雅的文白夾雜風格。

徐志摩的書法也透露出不凡的才氣。四哥細看他寫的每個字形，留意到字「骨」——也就是筆法的勁道，或是毛筆每寫一畫、一鉤、一撇時在紙上所用的力量——顯示出他有堅定的目的和方向；字「氣」——也就是字的自然神韻，這種神韻只有在一個人受過幾年書法訓練以後，適時摒棄所學才能達到——表達出他有眼光和操守。

四哥打聽過這位年輕士子的來歷以後，得知他是當地一個有錢好人家的獨生子，因此四哥毋需知道更多，當天晚上，就寄了封以本名張嘉璈署名的介紹信給徐家的當家，提議徐志摩與我成親。信寄出去沒多久，徐志摩的父親就回了封私下同意這門親事的便條，因爲四哥在當地已經博得聲望，而且恢復了我們家家境富裕、受人敬重的名聲。徐志摩父親的便條寫得很簡單：「我徐中如有幸以張嘉璈之妹爲媳。」這就是徐志摩和我訂婚的由來。

我和徐志摩結完婚，在婆家住了幾年以後，有個佣人告訴我徐志摩第一次看我照片的情形。他把嘴角往下一撇，用嫌棄的口吻說：「鄉下土包子。」

所以呀，他從一開始就不喜歡我。可是就算後來他思想變新了，他還是不敢反抗傳統。所以，他聽從父命與我結婚。

那時候在中國，父母爲我們挑什麼對象，我們就和什麼對象結婚。這是孝順的另外一種表徵，說不定也是最極端的表徵：循規蹈矩的年輕男女爲了表示完全服從，就依父母的願望互訂終身，直到結婚之日才彼此相見。《禮記》記載：「婚禮者，將合二姓之好，上以事宗廟，而下以繼後世也。」

這種婚姻並不表示夫妻之間沒有愛情，他們的愛情是婚後才來的。先對公婆、夫家和配偶盡義務，愛情就會跟著來。

你可能會認爲西方那種兩個人互相挑選的「自由戀愛」傳統，才是比較聰明的交友方式，可是我不同意這看法，因爲年輕人會失去理智。我認爲你們這些時下的年輕人一開始花太長的時間認識對方的一切，一直搞到沒辦法把對方的優、缺點分開，然後又決定不結婚，這就是「自由戀愛」的問題。沒有人是十全十美的嘛！

中國人是這樣子：父母心裡惦記著兒女的最大福祉。比方說，我父母把替我挑選丈夫的責任託付給四哥，我也信任四哥的決定。我想，這個責任平常是落在大哥身上，可是自從珠寶失竊事件以後，他意志極爲消沉而求助於鴉片，結果大家不放心他做同輩的龍頭老大，所以這件工作才落到四哥頭上。

四哥替我物色丈夫的方法很普通，我們不必知道徐志摩的身高，或是他家有二十個還是一百個佣人，只需要曉得他家的聲望，他的教育程度，還有他的性情。一定要先看男方的教育水準，再看他家的名聲，最後才看他的脾氣。要知道的就是這些。

舉個例子講，你爸爸一九六一年決定娶你媽的時候，我們張家沒有半個人認識你媽。那時候，你爺爺住在巴西，也從沒見過兒子的結婚對象，只知道兒子的未婚妻在大學裡念生物，而且出身貴州的華姓家庭，他們家以釀成茅台酒而知名，那正是我們小時候祖母常喝的酒。你爺爺還曉得兒子未婚妻的父親在紐約聯合國任事。所以，他知道的是她家的名聲和她的教育程度，因此必須打電話問我她的性情如何。我是第一個和你媽、還有她家人見面的張家成員，他們有一年夏天離家到香港觀光，當時我還住那裡，就在太平山頂附近的家裡招待他們，仔細觀察你媽的舉止、坐相、倒茶的姿勢，還有跟我和她父母應對的方式。她嘴巴很甜，脾氣也很溫和，我把這心得向你爺爺報告之後，他很滿意。

大家都知道我是家庭密探，因爲我認識很多人，而且總是盡可能想辦法發掘與別的家庭有關的事情。我孫女就是透過我和他丈夫認識的，我和他那個風姿綽約的媽媽打過麻將，所以我知道他倆是天造一對，地設一雙。你爸媽的婚姻也很穩固。如果你或是你哥哥、姊姊想見什麼人或認識什麼人的話，就來問我。好姻緣是很難憑自己的力量找到的。

相命婆的預言

在家人考慮正式爲我和徐志摩訂婚以前，得先找個相命的人來家裡合我們的八字（八字是根據我們的姓名和出生年月日來的），看看我們是不是相配。我坐在媽媽和相命婆中間，聽她預卜我和徐志摩未來的命運。

徐志摩生於一八九六年，比我大四歲，生肖屬猴。唐朝有位皇帝派唐僧到印度取佛經的時候，挑了孫悟空這隻猴子同行，好完成這項重大任務。迷人又逗趣的猴子，也是第一個被佛教徒崇奉如神的動物。可是相命婆說，猴子也可能變得狡猾和醜惡。

我的生肖是鼠，象徵勤勞與富足。老鼠是專撿爛東西的動物，牠們會尋找、獲得、囤積豐富的食物。不過，老鼠也可能出現膽小和吝嗇的行爲。

「我喜歡這家人，」相命婆看著她的相命圖說，「是非常好的人家。」

然後，她默不作聲。等她擡起頭看的時候，臉上出現了擔憂的神色。

接著她宣布：「不過，說到八字裡的這對男女嘛……屬鼠和屬猴的人在這門親事裡不配耶，你不屬狗太糟糕了，狗是忠實的象徵。」

媽媽不安地說：「我這兩個最大的女兒，老大要到二十五歲才能結婚，老二又和男方不配。」

我差點聽不下去她們兩人的談話。我想知道出了什麼岔子？是我哪裡有問題嗎？還是徐志摩哪裡有毛病？相命婆說我們不配，是什麼意思？

媽媽搖搖頭，差點失去耐心看著我說：「我們怎麼辦哪？你們當中總有一人非趕快嫁掉不可。」

媽媽沉默良久以後，才聳聳肩膀，擺出一副認命的樣子說：「我們得做我們該做的事。」

結果相命婆把我的生肖從鼠改成狗，生年也從一九〇〇年改成一八九八年，然後宣布這門親事是天作之合。我家人把這消息送到徐家，略而不提我的生肖被篡改的事。一個星期以後，徐家把象徵婚姻堅貞不渝的一對鴛鴦送到我家門口，家人接受了這份禮。這就是正式的訂婚了。

我婚姻中的不幸，是我這一生的一大祕密。我始終納悶，那個相命婆在把我的生肖改成狗以前，到底從相命圖上看到了什麼噩運？而且我從來都沒搞懂，爲什麼相命婆幫大姊算命的時候，媽媽聽了她的話，輪到我算命的時候，媽媽就沒聽？難道她認爲我嫁給一個不適合的對象沒關係？徐志摩和我不顧相命婆的不祥預測照常結婚，是命運使然嗎？相命婆事前就知道我們會離婚嗎？

我不敢說人逃脫得了命運，看看我大姊的遭遇吧，誰曉得呢？說不定她的相命圖上有個陰魂不散的鬼呢。

徐家希望等到徐志摩中學畢業以後，才舉行婚禮。我還有一年半才畢業，然後要再等一年，才會拿到小學師資證書，可是徐家和我父母都不把我上學的事放在心上，我父母告訴我馬上退學準備婚禮的時候，徐家也沒表示任何意見。

「女孩子家讀不讀書無所謂，」他們說，「女孩子家活著就是爲了結婚，你得留在家裡準備接受命運的安排。」

我喜歡學校，而且我知道徐志摩很有學問，所以我想把書念到我結婚那天爲止。我花了好長的時間才說服我父母讓我再回學校一年，他們答應我回去的主要理由，是讓大姊在二十五歲生日以前（還有七年時間）有事情可忙，而且除非我也上學，否則大姊不願意去學校。

媽媽又單獨向相命婆請教過一次意見以後，結婚日期就定在一年半以後，也就是一九一五年十一月。根據中國傳統，徐志摩和我要到那天才會第一次見面。

可觀的嫁妝

我九月離開學校回到家裡，距我結婚的日子還有兩個月時間。自從四哥由日本回國以後，我們家的經濟狀況大爲改善，大家都在談論我新買的嫁妝，六哥還特別被派到歐洲去監督這次的採購。

雖然我不認爲我有必要這麼早婚，可是因爲結婚手續差不多在一年以前就已經展開，所以想躲也躲不掉了。

四哥認爲，六哥被派去歐洲監購的那些桃心木或是象牙製的中國家具做我的嫁妝還不夠。當時上海最有錢的中國人，也就是那些與通商港埠的外國人打交道而致富的人，家裡和辦公室都有西式家具，六哥帶回來的一些家具，看起來好像直接從專門介紹洋貨風尚的雜誌上面跑出來的一樣，包括一張沙發、一對扶手椅和無靠背長椅、一座玻璃陳列櫃，還有一張帶了五個抽屜、大小適合高大西方人的書桌。

我的嫁妝體積大到我沒法子帶著整批東西到硤石。其實，裡頭的家具多到連一節火車車廂都塞不進去，結果六哥不得不從上海用駁船送過去。

我跟在嫁妝後面，和隨行的人搭乘半天的火車和轎子抵達硤石。

六哥小心翼翼指揮嫁妝的運送，那是件艱鉅的工作。家具一到硤石，還得一件件搬著穿過鎮上大街，目的是在炫耀徐家新娘的財產。六哥僱了幾名特別的差役負責搬運，他們在箱子裡擺滿刺繡麻織品，在玻璃櫃裡放滿精緻瓷器，給餐桌鋪上上等麻質桌布，又擺上雙人份的碗盤、茶杯、湯匙、筷子，甚至還放了一只插著朵紅花的花瓶，然後用最好的紅絲綢，把精緻的餐具依照徐志摩和我將來使用的方式綁在桌上，好讓搬運差扛著這些嫁妝穿過大街。

硤石從沒發生過這種規模的大事，我的嫁妝從駁船搬出來的時候，鎮上的人都排列在街道兩旁嘖嘖稱奇。六哥一路上跟著家具走，他是第一個踏上硤石的張家人，一到那兒就寄了封信告訴爸爸媽媽，徐家是「豬羣裡的一頭牛」，意思是說，徐家的確有錢，而且受鎮民尊敬，我們聽了也大大舒了口氣，以前我們只肯定四哥說的一件事：徐志摩寫了篇好文章。

六哥回南翔以後，我們對我未來的婆家有了進一步的認識：徐家在硤石住了好幾代，我未來的公公是個極爲成功的企業家，鎮上的人都稱他「硤石鉅子」，因爲他好像什麼生意都做，他有一座發電廠、一個梅醬廠、一間絲綢莊，在上海還有一家小錢莊，又是硤石商會會長。徐家跟我們家不一樣，從沒碰過家庭失和這種事。

至於我未來的丈夫是個什麼樣的人，六哥目光炯炯地說，他才氣縱橫、前途無量。徐志摩從四歲起就開始跟著一位私聘名師學古文，而且很早就表現出在這方面可堪造就。他十一歲進入一所教授西洋學科的新式中學就讀，同學都叫他「神童」，他也因爲優異的學業成績當上班長。

六哥說，徐志摩的志向和氣魄都不同凡響。他十五歲的時候已儼然是個成人學者，佣人都畢恭畢敬喊他「少爺」。他從杭州府中畢業以後，他父母希望他到北京大學讀幾年書，再到國外深造，這樣就可以準備將來回國以後，到政府或他父親待的金融界謀出路。

當然，我很高興聽到這消息。我以爲自己嫁了個和我哥哥一樣思想前進卻不失傳統、擁有一套堅定價值觀的男子。我期許他負笈海外，回國以後在政府部門裡謀得一官半職，也盼望我們會教養出光宗耀祖的兒子。

我本來應該跟著和嫁妝規模一樣盛大的遊行隊伍到硤石，可是六哥認爲那樣太危險，因爲鎮上的人爲了看一看、摸一摸嫁妝裡的家具和瓷器，互相推來擠去，差點把那些東西給掀了。一向務實的爸爸和四哥決定，我應該在舉行婚禮以前，穿著普通衣服旅行，毫不聲張先一步抵達硤石。所以，婚禮舉行前三天，我就登上開往硤石的火車，一副只是要去度個短假而離開的模樣。

我穿上平日穿著的衣服，和一位已婚的堂姊同行，不過還是難掩當新娘子的興奮之情。硤石這地名的意思是「多石的峽谷」，坐落在浙江省東、西山之間。浙江是中國面積最小的一省，也是人口最爲稠密、人民最爲富庶的省份之一，又是著名的「龍井茶」之鄉。據說，這馳名的山中勝地純淨的礦泉水溫比正常沸點高出幾度，可以將當地種植的茶葉沖泡出最甘美的味道。

我從火車車窗向外凝望，想把這趟旅程烙印在記憶深處。只見頭戴斗笠的農夫穿插其間的梯田往後退去，在茶色和紫色的陰影中，起伏的麥田和棉田映入眼簾。鐵路兩旁桑樹夾道，從葉隙望去，天空看起來斑斑點點的，樹下有靈巧的年輕姑娘將桑葉採下餵蠶。我把頭伸出窗外，驚訝地看到豆苗和瓜藤沿著鐵軌旁的堤道生長。十一月的空氣給人清新乾淨的感覺，橫臥在我面前的鄉野景致也美不勝收。

一到硤石，我們就看見一大羣鎮民倚在火車站的大門前。由於婚期非常接近了，他們已經開始日夜不休守候著我。堂姊與我飛奔到離我們最近的普通綠轎子前面，悄悄告訴前頭的轎夫我們的目的地——徐家爲新娘家人租下的房子。他顯然已經從我們說的目的地，知道我們是誰了，不管怎樣，他沒有多說什麼，就飛快上路了。

鎮民都期待我乘著花轎抵達，這種專給元配夫人坐的轎子，外面罩著紅緞，還掛著繡有蝴蝶（代表婚姻幸福）、鴛鴦（代表婚姻堅貞），還有蝙蝠（代表福氣，因爲「蝠」、「福」諧音）等圖樣的厚簾子。

可是，我把我坐的那頂普通綠轎子的簾子拉到邊上的時候，卻看到一小羣鎮民跟在轎夫身邊慢跑。

其中有幾個人堅持說：「是她！」

其他人上氣不接下氣地回答：「可是，這不是紅轎子嘛！」

「說不定她想騙騙我們。」又有人講。不管怎樣，他們統統從火車站跟著我們。這就是我要搬去住的那種小鎮；鎮上的人是那羣豬，而我夫家是那頭牛。

堂姊和我在預留給新娘家人住的房子裡過夜，除了徐家佣人以外，就只有我們兩人。第二天下午，也就是婚禮舉行前兩天，我家人也到了硤石。這下子，屋裡就非常擁擠了。

依據傳統，新娘家人在婚禮前一天晚上要請新郎吃晚飯。我家的人會在席間給新郎最後的首肯。當天爸爸媽媽待在樓上休息，派哥哥們代表他們出席。二哥正在柏林求學，所以由四哥和六哥充當主人出面邀請徐志摩。

時間一小時一小時拉近，堂姊和我躲在樓梯頂端的扶欄後面，第一次偷窺徐志摩。以前我們只看過他的照片，又聽說過假冒新郎身分的事情，所以我想好了最壞的情況。

我跟堂姊講：「要是他缺隻眼睛、缺條腿的話，我就不嫁他，我會逃得遠遠的。」徐志摩到達前門的時候，我身子往前一靠，把他和從照片上見到的模樣比了一比，他本人看起來比較瘦小，而且有點弱不禁風的味道。

「你覺得怎麼樣啊？」堂姊悄悄說，「你覺得他長得好看嗎？」

我不知道什麼叫做英俊，就回答說：「他有兩隻眼睛兩條腿，所以不算太醜。」

那天晚上，我們沒再見到徐志摩，因爲他消失在飯廳裡了。不過，用完飯後，我見到了我哥哥。那頓晚飯顯然早早就結束了，因爲徐志摩太過緊張，沒和他們一道把飯吃完。幾個哥哥都說喜歡他，我知道這是肺腑之言。四哥總算和那篇精采文章的作者碰面了，而且對他的選擇好像非常滿意又得意。

婚禮

你結婚那天會穿上白紗禮服，因爲西方新娘穿的是白色。在中國，白色只在弔喪的時候穿，新娘一向穿紅色。我在婚禮中穿的是紅白混合的粉紅色禮服，因爲徐志摩說過，他要一個新式的新娘。那件禮服非常華麗，有好多層絲裙，最外面一層粉紅裙繡了幾條龍；我還戴了頂頭冠。依照禮俗，徐志摩要在婚禮進行的時候，在離我一步的地方掀起我那沉重的頭巾，而不是等入了洞房以後才私底下揭開。

堂姊把我的頭髮盤成三個小髻，排成三朵花的樣子，然後仔細在我臉上撲上白粉和胭脂。她那雙冰涼的手碰到我皮膚的時候，我覺得酥酥麻麻的。我從沒試過把外表打扮得漂漂亮亮的，所以就好奇地由著她在我臉上塗抹、鉗鑷、描畫、拉扯。才過了一個鐘頭，堂姊就宣布我好比「臘雪中的一朵寒梅」。我差點認不出鏡中的自己，於是我對著鏡子張開抹得紅紅的嘴唇，又擡起描得彎彎的眉毛。

「不行，不行。」堂姊糾正我說，「你一定要表現得含蓄莊重。」她指點我收斂目光，在整個婚禮進行期間不要直視任何人，也不要露出笑容。

媽媽和堂姊整理好我結婚禮服的最後一部分，也就是我頭上那頂華麗的頭冠以後，就領著我下樓。家裡其他人都在外頭等候，爸爸和兄弟姊妹也都穿著禮服。在我踏進準備把我載到結婚禮堂的花轎前一刻，媽媽把我的頭巾放了下來。我眼前一片漆黑，在那頂頭冠重壓之下，我差點失去平衡，緊張得透不過氣來。

「噓，」媽媽輕聲細語說，「今天走路要擡頭挺胸，有人會一直在這兒領著你。」我感到有幾隻強壯的胳臂緊抓著我，幫忙我跨入轎子，一支小小的樂隊在我背後某處吹吹打打。我還聽見一些女親戚突然依照禮俗，假哭了起來。當我舉步登入轎子的時候，被鞭炮聲嚇了一跳。在位子上坐定以後，我努力不讓自己發抖。

當然，我這時候什麼也看不見，因爲有頭巾遮著。我們依照傳統行進方式步入禮堂，走在最前頭的是四個舉旗人——兩個舉張家旗子，兩個舉徐家旗子，我的轎子尾隨其後，哥哥跟在轎子旁邊走，然後是載著張家女眷的綠轎子，最後是撐著紅傘的樂師，他們緊接在徐志摩的隊伍前面。

隊伍到了禮堂，轎子就停下來。我的頭冠太重了，所以要由兄弟們攙扶才能跨出轎子。他們又扶著我走進禮堂，裡頭喧鬧得不得了，因爲我家請了三百多個客人。

這時我的眼睛逐漸習慣頭巾裡的黑暗，也認得出一些影子和動作了。一位護送者領著我經過一排排客人，走到禮堂前面，那兒擺了張矮桌子，桌子上方有一團燈光。我笨手笨腳跪在桌前，隔壁有人緊張地清著喉嚨。在頭冠壓頂的情況下，我雖然沒辦法毫不費力地轉頭，可是我知道那聲音來自跪在我身旁的徐志摩。

我在婚禮前一天晚上偷窺過他，可是他只從媒婆給他的照片上看過我。當他在典禮最後把手伸到我蓋頭邊的時候，我懷著既害怕又期待的心情發起抖來。那沉重的頭巾完全把我的樣子給遮住了，就算我原先打算不聽堂姊的話要直視他，這時候暴露在他眼前的我卻無法迎接他的目光。雖然我想表現得像個新式女子，可是我辦不到，只是瞪著他那又長又尖的下巴。我本來希望他第一次見到我的時候，會對我一笑，可是他的眼神始終很嚴肅。

在西方婚禮中，新郎新娘是最有面子的人，他們在一個地方或站或坐，由來賓趨前向他們致敬。中國婚禮的情況恰恰相反，來賓才是接受致敬的人，新郎新娘必須向他們磕頭。磕頭的全部過程是這樣：磕頭者先雙膝跪地，然後把兩臂擱在前面，頭著地面之後再起身。

我們舉行婚禮的時候，徐志摩和我站在兩張紅色太師椅前，向每對坐在椅子裡的來賓磕頭，有人會從一長串名單上唸出他們的名字。因爲要磕頭的對象太多了，我們沒辦法完全自己來；其實我們身後各有一人幫忙推我們下跪，再拉我們起立。推下去，拉起來，一遍又一遍持續了好幾個鐘頭，我都認不出誰是誰了。婚禮結束後一整個星期，我兩條腿痛得差點沒法子走路。

洞房花燭夜

一九一一年，中國從君主專制變成共和政體，可是中央政府羸弱不堪，全國土地受到各地軍閥的控制。一九一五年，也就是我們結婚那年，軍閥之間起衝突是家常便飯。就在我們結婚當天，硤石鄉間打了一場小仗，所有開往上海的火車都被取消，誰也沒法子回到城裡。一聽到這消息，許多男客都在喜酒之後離開禮堂，與上海的辦公室聯繫。四哥、徐志摩的父親，還有他們大多數的朋友都是銀行家，這些人當天晚上有一半時間都花在拍電報告訴他們的助手，他們第二天不會到辦公室。徐家人不得不訂下鎮上的旅社房間，又租下另外兩間房子給所有過夜的來賓住，這種事情以前從沒在硤石發生過。

既然大多數來賓要留宿，大家都搞到深夜還不睡覺。到了鬧洞房的時間，一大堆人都擠進洞房。鬧洞房是個非常老式的習俗，新娘坐在房間正中，來賓說些不堪入耳的話試探她的脾氣。當徐志摩的親戚朋友在我四周走來走去戲弄我的時候，我得坐在洞房中間，什麼話都不說。要是我哭了、笑了，或是開口了，就會被認爲脾氣不好。

「唱個歌來聽聽吧！」一個人說。

「我們讓她跳隻舞吧！」另外一個人說。

「乖乖，你好醜啊！」有個人說。「大家瞧瞧這雙大腳。」又有個人說，他把我的裙子撩到腳踝上，好讓每個人取笑我的大腳。他做這件事的時候，我什麼話也沒說，只是由他去鬧。徐志摩的一個朋友甚至提議大家看看我內褲的顏色，幸好徘徊在我身邊保護我的哥哥弟弟阻止了他們，要不然我是招架不住的。這種取鬧方式持續了幾個小時，大部分過程徐志摩都沒看見，因爲他進進出出和不同的人插科打諢去了。說句實話，我覺得參加婚禮的每個人得到的樂趣都比我多。

大約清晨四點的時候，客人突然之間都離開洞房了。我累壞了，一個人在那兒坐了大概五分鐘，徐志摩就進來了，後頭還跟著好幾個佣人。其中一人把床罩子拉到床尾，在床中間鋪上一塊白絲帛。堂姊告訴過我，我第二天早上要在這塊布上證明我是處女之身。其他幾個佣人幫著把我從椅子裡扶起來，帶我走到梳妝臺前，準備爲我的新婚之夜梳理一番。

我一下子就準備好了，我那略帶檀香味、鬆垂在肩膀周圍的頭髮，用兩隻玉梳向後固定。除了披上薄薄一層繡著鴛鴦的紅絲袍以外，身上一絲不掛。佣人離開洞房以後，我就轉向徐志摩。

他身上也脫得只剩最薄的一層絲袍，而且充滿期待地站在房間那頭注視著我。初次與他獨處，我好想跟他說說話，大聲感謝命運的安排。我想說，我現在徐家的人了，希望能好好侍奉他們。可是正當的作法是由他先向我開口，所以我就等在那兒。

當時的我年輕又膽怯，也許一個新式女子會在這個時候開口，一對新人就此展開洞房花燭夜。可是徐志摩一句話都沒對我說，所以我也沒回答他。我們之間的沉默就從那一夜開始。

7 不三不四

媽告訴我，婚姻就是妥協；當我嫁給一個男人時，也等於嫁給了他的家庭。雖然媽的公婆住在西部的舊金山，與我們相隔著整片美國大陸，她卻覺得他們無所不在；所以她會定期寄東西給公婆，並提醒爸打電話給他們。要是爸說自己父母的壞話，媽就會加以責備，或是保持沉默，絕不參加意見。

雖然我很想嫁給華人，討家人歡心，卻又十分害怕達不到婆家對我這媳婦的期望。

首先，我擔心自己永遠無法像媽一樣，頭胎就生個兒子。哥哥是爸媽兩邊家裡的長孫，他的相片比其他任何孫兒女都多。這是理所當然的事，因爲他是第一個到這兩個家庭報到的孫子，而才比哥哥晚兩年出生的堂姊，照片就比他少得多。

其次，我從小就有太多偏好，至少一定比從不在意我們去哪個餐廳的媽要多。譬如吃披薩的時候，我總是喜歡某一家店的餡料，另一家店的外皮。媽以前對我如此挑三撿四、這麼小就有這麼強烈的好惡，感到憂心。

我曾經想：幹嘛操心？我覺得我有偏好才有個性啊。可是，我二十一歲那年到香港探親的時候，美麗的堂姊邦如也告訴過我同樣的話。她嫁給一個有錢的牙醫，是個中國人。

邦如帶我到一流大飯店香格里拉飲茶時對我說：「你要非常文靜地坐著，一句話也別說。讓男方對你表露自己，先讓他說話，你再下決定。」

有天晚上我和以前的華裔男友亞當的父母共進晚餐時，曾經嘗試運用這個忠告，結果發現扮演文靜端莊、可能成爲別人未來媳婦的角色，感覺很好，這種感覺有夠奇怪。我很高興亞當的家人和我相處得這麼融洽，我坐在桌前謙恭地用筷子尾端把最好的雞塊和魚片挑出來，先夾給亞當的父母和亞當，再夾給我自己。

接著，亞當的父親發表了他對亞當嫂嫂的看法：「我絕對不和媳婦講太多話，做公公的人不應該和媳婦太親近。」

一聽這話，我覺得喉嚨像被梗到一樣。對我來說，爲了好玩假扮卑躬屈膝的媳婦和太太是一回事；而要百分之百扮演這種角色，就另當別論了。

幾年以後，我有一次告訴爸媽一個我認爲有趣的故事，內容與我未來公婆的特質有關。爸聽了以後說：「如果你要嫁給這個人的話，絕對不要再講對公婆不厚道的話，尤其是在我面前，這樣很不禮貌，以後別再讓這種事發生了。」

做媳婦之道

我不曉得你母親是怎麼和你談結婚道理的；不過，我結婚的時候，我母親只給我兩點忠告。

第一，一旦進了徐家的門，絕對不可以說「不」，只能說「是」。

第二，不管我丈夫和我之間發生什麼事，我都得以同樣態度對待公婆。爲了表示尊敬他們，我每天早上得比他們早起，而且要向他們道早安——這是我唯一可以比他們先開口的時候——晚上也必須等他們允許我退下後，才能告退。

媽媽說這叫「晨昏定省」。我每天得一大早起床，洗臉梳頭，穿戴整齊，然後在公婆許可的時間，向他們請安。雖然我常看到他們，可是除了最正式的服裝，我從不敢穿得隨隨便便露臉，也從不敢披著頭髮見他們，那樣會被認爲放肆。

媽媽最多就告訴我這些。那個時候，沒人談論性事或性關係。今天，你們年輕人從電視和雜誌上知道很多事情，而且無所不談。而我是偶然間從寶山老家一個縫布鞋的智障女佣人那兒，得知月經這種事的；她習慣把月事帶統統丟在院子四周給雞狗聞，不然就是拿著月事帶在院子裡揮給每個人看。這舉動很瘋狂，卻是我發現月經的經過，我母親並沒有告訴過我。

她給我的忠告後來證明很管用。既然你正值適婚年齡，我就把這套方法教給你。中國家庭是由父母掌權，因此一個女人和她姻親之間的關係，尤其是和婆婆之間的關係，往往比她和丈夫之間的關係來得重要。因爲你是中國人，而且將來要嫁中國人，所以我得糾正你兩個壞習慣。我注意到我住在你家裡，你來跟我說晚安的時候，你偶爾會在我允許你離開之前，就先掉頭走掉。這樣子很糟糕，你結婚以前一定要把這習慣改掉。

另外一個壞習慣是在人家問候你的時候，你用美國人那套說：「我好累。」我這輩子從沒說過自己累，我還記得嫁到徐家第一天早上的情形：雖然我前一天晚上差不多都沒睡，而且全身上下因爲磕頭和婚禮的大小事情疼痛不已，可是我始終不認爲自己會累得沒法子起床梳妝去見公婆。我一向知道應該對公公（家人稱他「老爺」）婆婆（家人稱她「老太太」）盡什麼義務。

剛開始很難知道要怎麼討好他們。中國人不說「行」、「不行」、這樣、那樣，或直接把話說清楚，所以有時候我得用猜的。比方說，老太太很少進廚房，因爲家裡有一堆佣人，公公也不像我爸爸那樣對食物特別挑剔。所以有一次老太太進廚房，我驚訝得站在她旁邊，什麼事也沒做。這時候有個待在徐家多年、知道如何討好老太太的老佣人趕緊遞給我一把扇子，用憐憫的口氣說：「你應該讓自己有點用處，趁你婆婆煮東西的時候，讓她涼快涼快吧！」

後來，我學會一些小事情。硤石當地有個在春節、端午和中秋期間和大家互贈禮物的習俗，贈禮的方法既複雜又愚蠢，程序是這個樣子：有人先送我們四份禮，我們就說：「哦，四份禮太多了。」然後收下兩份，退回兩份。接著我們也送四份禮出去，他們又退兩份給我們。老太太不喜歡浪費錢，所以我們把禮物倆倆弄成一堆，擺在一邊，等著另外兩份禮物——不管是退還的禮，還是別人送來的禮——送到，這樣就可以再湊足四份禮送人。這套方法很麻煩，因爲我們得確定沒有把禮物重複送給相同或相關的人，永遠都在爲一堆堆不同的禮物作調整和窮擔心。

有一次我回家省親的時候，突發奇想決定要讓我婆婆吃驚一下，就一口氣把送給親戚和鄉親的禮物給買了。我公公每個月給我十塊或二十塊銀元，我從沒花過，所以就用四十銀元在上海耗了一整個下午，採買火腿、鴨子和其他珍饈佳餚。

省完親後，我滿載而歸回到硤石。老太太問我全部東西花了多少錢，我扯謊說：「二十銀元。」

老太太笑笑說：「這倒不壞。」

我說：「那好，我們乾脆直接把四份禮送給每家人，這樣就了了所有事情。」

我就是用這些小技巧設法討好老太太的。

寂寞婚姻

徐志摩差不多是一結完婚就立刻離家讀書去了，先是到天津北洋大學，後來又到北京大學。所以你瞧，這是件很悲哀的事，我打從開始就沒法子瞭解我丈夫。

奇怪的是，我們在床笫之間卻很自然地成為夫妻，新婚之夜頭一次行房也是如此。我想，那是因為我們都年輕，而且在這以前，我們都不曉得男人和女人的身體長什麼樣，所以我們得互相學習。不過，我大概一下子就被操持家務、照顧公婆這些事情給絆住了，而且在鄉下地方，女人是不准跨出合院一步的。

剛結婚幾個星期，徐志摩就離開家裡，公婆不准我跟他一起去，也不准我跟他在一起。在中國，媳婦當著公婆的面對丈夫表露情意，也是很沒規矩的。這也是我從不披著頭髮在老太太面前露臉的原因，因爲那樣子代表放蕩。

我丈夫讀的是當時最負盛名的北京大學，北大主要是由一羣歸國學人，也就是那些到西方留過學，再把所學帶回中國的人治校，所以我不能不爲他高興，不過我的確羨慕他的自由。

我是從他定期寫給公婆的家書上，得知他在北大的生活情況的，其中一封家書提到，二哥如何把他介紹給當時著名的改革家梁啓超。這次面談以後，徐志摩寫了封措辭謙卑的信函給梁啓超，表達他的敬意和熱愛，後來梁啓超就收徐志摩爲弟子。徐志摩在家書的結尾引用了一本著名小說（譯注：指《紅樓夢》）裡的一句話說：「弟子的也該燒了。」他認爲自己的文章和梁啓超的一比，就變得一文不值了。

徐志摩也見到了胡適，胡適因爲在《新月》雜誌發表了一篇文章，呼籲大家揚棄以文言文所寫的舊文學，開創反映大眾情感、以白話文寫成的新文學而聲名大噪。徐志摩留洋之後成爲詩人，就是用這種白話文寫詩，而且把白話文帶入新的表現層次。

我和婆婆坐在客廳聽人家讀徐志摩家書的時候，我好羨慕他自由自在。起先我以爲我也可以回學校念書，就寫信給母校詢問我是否可以回去，校方說我必須重讀一年，因爲我已經錯過了一學期。這表示我要再過兩年才畢得了業，而我認爲剛結婚的我不可能離開公婆這麼久。我是徐志摩的太太，也是鎮上大富人家的媳婦，鎮上的鄉親已經覺得我太新潮了，而且都嘲笑我有雙大腳。結婚之初，因爲寂寞的關係，我差不多每個月都回上海娘家一次，鄉親們就問：這個媳婦幹嘛這麼常去上海？雖然徐家老爺在上海有生意，可是他媳婦幹嘛這麼常去？難道她脾氣不好？和老太太處不來？他們都偷偷笑我腳大、脾氣大。

和大家都有生意往來的老爺說，這種閒話不好聽，叫我應該設法節制一點，不要這麼常出門。這樣一來，我知道寄宿學校的事情是免談了。可是，你能想像你十五歲就結婚，從此不再學東西的情形嗎？那樣等於什麼事情都不懂。我後來當上海第一女子商業儲蓄銀行副總裁的時候，在辦公室聘了一位私人教師，就是因爲我覺得自己懂的事情是這麼的少。要一個人在十五歲的時後就終止學習是很難的。

鄉下地方的女人除非有人陪著，否則不准上街。她們就算有人作伴，也很少上街。我出身於城市，不習慣成天坐在大合院裡，被人家禁止出門替自己買買東西或是看看親朋好友。我以爲這種習慣對老太太這種裹著小腳、沒法四處走動的人來講，沒什麼大礙，可是我有一雙正常的腳，哪兒都可以去。所以，除了整天和老太太坐在一起之外，我無所事事。

我們會坐在閨房裡面縫好幾個鐘頭的鞋子。以前在寶山娘家，所有鞋子都是由那個瘋掉的女佣人縫的，在這裡，就算我們家境富裕，還是自己動手。對老太太而言，我們的鞋子很別緻。我們先把一片厚厚的鞋底縫在一塊粗粗的黑布上做成鞋子，然後用真絲線穿在一根精細的繡花針上，繡出裝飾每隻鞋尖的細緻花紋。有的鞋上繡著層層相疊的積雲紋，老太太走路的時候，那花紋就微微發亮。有的鞋上繡著「壽」字，每走一步都明明白白道出繡鞋者的用意。我給老太太縫鞋的時候，針腳縫得小巧細膩；替自己縫鞋的時候，就粗心大意亂縫一通，因爲對我來講，穿什麼鞋都無所謂。總而言之，我從沒跨出大門一步過，而且在從歐洲回國以前，連徐家擁有的地方都沒看過。我歸國以後，許多風俗的限制已經放寬，而且我在西方住了五年，也不在乎鎮上人的想法了。

佣人都說老爺是個精明的人，知道怎麼樣抓著錢不放。他不在家中養小老婆，卻在城裡交女朋友，人數多得沒法子從中挑選，而且東西南北每個方向各有一個。有好多個晚上我都給老爺等門到深夜，所以才知道這些實情。我照著媽媽的指示，對公婆晨昏定省，這對我真是件難事啊！因爲老太太是個早起的人，而公公是個晚睡的人；他經常搞到清晨三點才回家。

佣人還說，在老爺熟識的茶樓裡，許多裹腳的姑娘會在桌上跳舞，誘惑男人偷瞥她們僅僅被裹腳布和花稍的絲鞋包住的腳背。這些連走出房門一步都不可能的姑娘，用她們細碎的步子把老老少少的男子迷得神魂顛倒。參加拼酒比賽擊敗眾家的男人，會把一只玲瓏繡花鞋裡裝的最後一滴酒飲下，那鞋子的主人就躺在茶樓的頂樓等他。兩人在她房裡親熱的時候，她會解開腳上的布條，把腳露給他看。當天晚上，在激情纏綿的最後一刻，他會把她鬆了綁的小腳舉到肩上，再塞入口中吸吮。

這些小腳的故事都是從佣人那兒聽來的。比方說，小腳是一個女人珍貴的財產，是她嫁妝的一部分，也是有錢的父親餽贈給合適女婿的禮物。古時候有位相公在一個村子的街上行走的時候，撫弄了一位騎馬姑娘的小腳，害得她名節差點受辱。

冷淡的丈夫

我聽小腳的故事聽得太仔細了，以致於我覺得自己的大腳失去了原來的魔力。我以為它們把我變新潮了，沒想到它們反而成了我的敵人，它們不能走到街上，不能讓我受教育，也不能教我丈夫關心我。

徐志摩會從學校寫信給他父母，信尾總是加一、兩句問候我的話。可是他放假回家以後，對我就比較無禮；除了履行最基本的婚姻義務之外，對我不理不睬。就連履行婚姻義務這種事，他也只是遵從父母抱孫子的願望罷了。

我不明白他為什麼對我不聞不問，我不認為自己有那麼笨或那麼醜，我哥哥是他的朋友，他顯然也很稱許我娘家，可是他為何如此待我？

有時候，他伸著腿坐在院中長椅讀書，我就和他坐在一起縫東西。他會對某個佣人說：「給我拿這個。」對另外一個佣人說：「抓抓我這裡。」可是從不與我交談，所以我就保持沉默。我想，如果他不想和我說話，我也可以好幾天不言不語。我對婚姻所求為何？我不求愛情（至少還沒這樣要求），也不求浪漫，可是我所求的東西肯定比我現在擁有的——缺乏容忍和漠不關心

——要來得多。徐志摩從沒正眼瞧過我，他的眼光只是從我身上掠過，好像我不存在似的。我一輩子都和像他一樣有學問的男人，也就是我的兄弟，生活在一起，他們從沒這樣對待過我，唯獨我丈夫如此。

當時我太年輕了，不知道要怎麼樣叫我丈夫和我說話。

有些日子的早上，尤其是碰到好天氣時，徐志摩沒交代一聲，就不見人影。我從一個佣人口裡得知，他乘著轎子去徐家在東山上的一棟房子了。雖然我從沒上過那兒，可是我曉得從那山頂可以望見一座女石像。根據當地的傳說，有個丈夫到海外經商後一去不復返的婦人，曾經登上一座可以眺望大海的小山盯著海面瞧，她守候丈夫的時間太長了，結果被淚水沾濕的身子最後變成了堅硬的岩石，當地人就給那座山取名叫「望夫山」。所以我假想我到過那座山。

這時候，我才瞭解阿嬷說的「不三不四」是什麼意思。我本該是個有雙大腳的新式女子，徐志摩卻把我當成纏過腳似的對待我，他認爲我觀念守舊，沒受教育，所以不喜歡我。然而，對老太太來說，我又不夠傳統。有雙小腳的她每天待在閨房就心滿意足了，而我卻想到硤石街上一探究竟。阿嬷和媽媽對我許過種種願望，可是我既不像媽媽夢想我會變成的那個太陽姊妹，也不像阿嬷想要我變成的那個月亮姊妹。

我有喜了！

徐志摩回家以後那幾個星期，老太太一直緊盯著我。有一天吃午飯的時候，我沒有胃口，她就目不轉睛看著我，然後以肯定的語氣說：「你有喜了。」

她會比我先知道這件事，可真奇怪！可是結果被她料中了。懷胎頭三個月，我害喜害得相當厲害。第四個月起，就感覺得到孩子在動。接著，我開始盼望肚子裡是個男孩。

我已經告訴過你，中國的女人是一文不值的，現在我要告訴你爲什麼。人死的時候，是從陽世轉到陰世。女人、陰性、月亮，以及所有虛勢和幽深的東西，都屬於陰界；男人、陽性、太陽，以及所有強壯和崇高的東西，都屬於陽界。

你可能覺得這麼分有失公平，可是中國人認爲，只有男性——兒子、孫子、曾孫，還有永無止境的後繼者——身上才有祭奉陰界祖先的適當成分。好好敬奉祖先，並且維持陰陽界平衡，是很要緊的事，要不然死者會離開陰界，變成孤魂野鬼侵犯陽界。而我們女人只有依靠爲夫家生育子嗣，才能保住在陰陽兩界的地位。

這就是中國人喜歡男孩，尤其是長子的原因了。記得我聽說過鄉下地方有個小老婆生了個女孩以後，非常擔心自己在家裡的地位，就要產婆立誓保密，把女兒打扮得像個男孩，一直到事情再也無法隱瞞爲止，中間經過了十四個年頭。你能想像這種事情嗎？雖然我也想要個兒子，可是隨著懷孕日子一天天過去，我對自己發誓，如果我生的是個女娃兒，我不會那樣對待她，也不會把她的八字別在襁褓上，然後把她丟在田野裡，讓發現她的人把她當娃娃新娘馬上嫁掉，更不會把她的腳纏起來和限制她求學。

媽媽依照新娘的母親應該遵守的禮俗，在我懷胎最後幾個星期來看我。自從婚禮之後，她就沒再來過硤石，這是她唯一能來的幾次機會。她帶著一捆嬰兒衣服來到我床邊，我動作飛快地把那捆衣服從床上抖過，想讓整捆衣服自行鬆開，飛散到床上。結果衣服並沒有散開。

媽媽搖搖頭說：「啊，好吧！你生的時候會痛很久。」

我怨聲說：「是你沒把它綁對嘛！拿來我瞧瞧。」

媽媽就說：「不要強辯。」然後示意佣人拿個托盤來我床上，盤子上有一大碗特別準備的白飯，媽媽在白飯下面的碗底交替擺了一圈肉丸子和水煮蛋。

我拿起媽媽遞給我的筷子戳到碗底，結果筷子那頭夾起一顆肉丸。

媽媽皺著臉說：「唉，是個女孩，不是男孩。」

我擡起頭看著她說：「要是你給我普通竹筷子的話，說不定就有好結果。可是你給我的是象牙筷子，它們滑溜溜的，一戳就戳到肉丸，戳不到蛋了呀！」

媽媽說：「別嘴硬，認命吧！是女孩。」

我頑固地說：「我不是嘴硬，我是說象牙太滑了。我們等著瞧吧！看看是不是男孩。」

當然，我並不知道孩子是男是女。我這麼說，只是怕萬一媽媽講得不對。生產的時候，我暈了過去，可是沒人叫醒我，他們懶得叫。後來我是因爲生下兒子，產婆尖叫：「是個男孩！」才醒轉過來。以前鄉下人不會這樣子，因爲他們不想讓神明知道家裡生了男孩，否則神明會把他帶走。可是這是件喜事，所以產婆才尖叫。要不然，我永遠也不會甦醒。如果生的是女孩，我恐怕會一直不省人事，說不定還會死掉呢！

我公婆高興得心情激動，他們送了一堆紅蛋出去，向大家宣布徐家的新生子嗣來人間報到的消息。我躺在床上聽他們慶祝，覺得大爲寬心。能把一個健健康康的兒子帶到這世上，真是有福氣！我一見他就疼，而且祈求他會在我老的時候善盡孝道，讓我安享晚年。

子息的問題既然解決，徐志摩就得到父母許可負笈海外了，他準備前往位於麻州渥塞斯特（Worcester）的克拉克大學（Clark University）攻讀銀行學和社會學。他和大多數初爲人父者一樣，好像一方面覺得得意，一方面又有點害怕自己的兒子。然而，他對我的態度還是一樣。當我向他告別的時候，他彷彿早已遠去，說不定他從來就沒待在那兒過。

8 如君之意

一位歷史學家在報告中提出，徐志摩離開中國前往西方的時候，和其他同一社會階層的年輕人沒有兩樣。時值二十二歲的他，正在尋求救國之道。他本來打算放洋歸國之後，要接管家中事業，或加入政府官僚體系。可是，根據這位史家的看法，徐志摩此番西行，也在內心注入了改變個人作風、嘗試尋找充實個人生命途徑的欲望。他理所當然認爲他應該爲自己的信條找到活力和例證，並一心一意想成爲他所推崇的西方優點與特質——愛、熱情、坦白——的活化身。

我常問幼儀：「難道你不氣徐志摩嗎？」

我覺得我對他本人還有他對待幼儀的態度大有反感。可是，幼儀並不承認她的感受，因爲一個循規蹈矩的中國女人不應該心生怨恨。

雖然我傾向於站在幼儀這一邊，卻也十分崇拜徐志摩。他是某個同志會的一分子，其中成員都是一羣改變中國現狀、身爲過渡一代的學林俊彥。而身爲張家第一個在美國出生的人，我盼望自己也能像他一樣，成爲同時接受東西學灌輸的人。

徐志摩遠渡美國，懷著進入金融界、成爲「中國的漢彌爾頓」（Alexander Hamilton，

譯注：爲美國政治家）的抱負。這段期間，他本人甚至採用了「Hamilton」這個洋名。從他在船上寫的家書，可以看出他既孝順，又充滿雄心大志和「國家興亡，匹夫有責」的觀念。他曾以文言文寫下一長串誓言給長輩們看，立誓要奉獻個人生命，造福國家：

六時起身，七時朝會（激發恥心），晚唱國歌，十時半歸寢，日間勤學而外，運動跑步閱報。

徐志摩「激發恥心」，或者說是號召本人和同儕一起行動的欲望，引起了我的興趣。我是在美國長大的中國人，自己的種族身分又遭人取笑過，因此對羞恥心耳熟能詳，但也驚異於這種感覺在我個人內心所占的分量，竟然大到可以讓我想像自己成爲我這代華裔主要喉舌的程度。

我在歷史課本裡讀過中國人的國恥觀念，並得知共產主義之所以在中國行得通，是因爲儒家思想不能保護中國，以抵擋帝國主義侵略的歷史理論。令我好奇的是，當八〇年代日本汽車產量和經濟成長突然開始超越美國之時，美國是否也有國恥觀念？當時美國開始質疑：個人主義的理想是否真的優於日本人強調合作、壓抑個人的理念？

徐志摩以優異成績自克拉克大學畢業後，於一九一九年轉入哥倫比亞大學修習政治學。然而，他發現美國不合他性情，便於一九二〇年中途輟學，衝動地轉赴英國，在那兒首度發揮自己那套愛情信條，對幼儀造成激烈影響。

徐家的長孫

我兒子徐積鍇出世以後，徐家對他寵愛有加，用上等棉布做成的襁褓包著他的身體，佣人或奶媽過來安撫他以前，他只會哭個幾下。他頭一個玩具是根象牙刻的小如意，如意就是「如君之意」的意思。他爺爺奶奶聲明，他們這個獨孫比世界上所有的大財大富加起來還要寶貝，而且用一百個徐家親戚送的賀儀，給他打了把小鐵鎖。這把用金鍊子掛在他脖子上的「百家鎖」代表的意義是，以一百個親人的祝福，把他的命「鎖」好，也在告訴大家他帶給家人的喜悅。

我們給他取名叫「積鍇」，這兩個字是「良鐵」的意思，因爲鐵這種金屬象徵剛強、正直、果斷、公平。他事事好問的天性，逗得家裡每個人好樂，所以「阿歡」（意思是「開心」）很快就成了他的乳名。徐家老奶奶一定要我們常帶他回去探望，老太太也不再天天縫鞋子，而改縫娃娃的衣服了。

我生產以後身子雖然滿虛的，但是不久又恢復了元氣，而且等著照顧自己的兒子。可是，我很快就發現，我這個母親的角色受到了嚴格的限定，就和我在徐家應對進退的行爲一樣。阿歡是屬於徐家的，老奶奶、老爺，還有老太太要監督他的養育過程，只准我偶爾照顧。我抱他的時候，公婆就糾正我的姿勢；我給他洗澡的時候，保姆又在我身邊晃來晃去。到了夜裡，還有個奶媽睡在他小床邊的地板上。

媽媽告訴過我：「到徐家絕不可以說『不』，只能說『是』。」所以我並沒有反抗公婆的作法。我這時候才發現，我爲了討好公婆放棄了一切，包括出門、求學，甚至育子。我很慶幸我兒子和兒媳婦現在住我附近，而且我們可以時常見面。可是在阿歡生命裡的頭七年，我沒有按照一個母親應有的作法給予阿歡照顧。

阿歡出世百日那天，有個佣人在他面前擺了個盤子，裡面裝著一把量身尺、一個小算盤、一支徐志摩的毛筆，還有一些銅板，我們圍在阿歡身邊，看他第一個會抓起哪樣東西。起先，阿歡盯著整個盤子，他的眼睛幾乎還分不清什麼是什麼。然後，他瞪著商人算帳的工具算盤發呆，又瞧了瞧那把裁縫師用的量身尺。最後，目光盯住盤子正中的一樣東西，著迷了一會兒，就伸手去抓，那是徐志摩的毛筆。

老爺突然興奮地把阿歡騰空舉著盪來盪去說：「又一個讀書人！我們家孫子將來要用鐵筆囉！」他引用重要政府文告裡常用的一句話，對老太太誇口說：「鐵筆不改。」他的意思是希望阿歡有朝一日會撰寫政府律令。

幾個月後，也就是一九一八年秋天，第一次世界大戰結束，我們又慶祝了一番。二哥自德國歸來以後，在上海辦了一份獨立的報紙，這時候打算與梁啓超等人以巴黎和會非正式代表團的身分同行。我正好回娘家探望父母一星期，所以在他行前不久還看到他。

二哥想知道：「你什麼時候到西方與徐志摩團圓呀？」

我聽了詫異地看著二哥。徐志摩去美國已經半年了，我從沒想過要與他團聚，因爲我以爲我的責任就是和公婆待在一起。

「你已經對徐家盡到責任了，」二哥這麼說，好像他聽到了我的想法似的，「現在你應該跟丈夫在一起，甚至可以到西方求學。」

這意見引起了我的興趣，我可以像新式女子那樣到西方求學？像徐志摩和我哥哥一樣學習外文？然後我想到了公婆，徐家會讓我去美國嗎？他們會替我付學費嗎？於是我告訴二哥，只有在徐志摩來信要我去的情況下，徐家才可能讓我去，因爲他們不會拒絕兒子。

二哥向我打包票說：「徐志摩會來信要你去的，他會希望你瞭解西方。」

二哥和徐志摩是摯友，所以我相信他說的話，而且興奮地懷著憧憬，回到硤石。我與公婆同住已有四年，而我在徐志摩放假期間和他共處的時間，加起來大概只有四個月。我渴望我能像我跟哥哥弟弟聊天那樣，和徐志摩交談，我想幫他忙，助他得到成功與榮譽。有一次，我幻想我們像夥伴一樣待在簡樸的家中，他念他的書，我做我的飯。還有一次，我幻想自己穿著西服，抱著書本，和徐志摩並肩走去上課，就像以前我和大姊在蘇州第二女子師範學校一起讀書時一樣。

我在硤石多的是時間作白日夢，因爲沒別的事好幹。我請求過老爺，如果我不能回學校讀書，就給我聘個家庭老師。可是自從阿歡生下來以後，老爺的注意力早就轉移到他身上了。

現在，每次家人朗讀徐志摩寫給父母的家書時，我就等著聽他在結尾問候阿歡和我的部分。他的來信上頭收信人總是寫著父母的大名，在信尾才問起我和阿歡的近況。這是很孝順的作法，因爲夫妻在公婆面前應當保持距離。有一回，徐志摩要求我跟著阿歡四處轉，然後寫下他說的或他做的每件事情。還有一回，他要求看看阿歡的童畫和他剛開始學寫的毛筆字。可是他還是沒有來信要我們去。

向傳統挑戰的年代

那年春天，中國得知巴黎和談的和約條件是：把山東省割讓給日本，作爲同盟國之間祕密協定的一部分。中國多年來對外國帝國主義勢力的憎恨，因爲同盟國背信忘義事蹟的敗露而被觸發。一九一九年的五月四日，北平天安門廣場上，有大約三千名學生把中國史上第一場羣眾示威活動搬上了舞臺，要求政府拒絕接受和約條件，他們高喊著：「打倒帝國主義！還我山東！」「抵制日貨！」

第二天，全國各大城市的學生也加入了當地的示威行列，一個全面性的抗議工潮也隨之形成，一場愛國主義的大戲就此橫掃全國，數以千計的工人碰面討論抵制日貨事宜。六月五日這天，也就是「五四」事件整整過了一個月後，上海大約有一萬名工人要求罷工，這事件波及許多企業，日本人擁有的一些棉花廠也跟著遭殃。

老爺暫時關閉了上海的幾家店舖，待在硤石家中閱讀報上的報導。學生和工人在政府作最後決定的時候獲得了勝利，政府釋放了被捕的學生，同時表示中國不接受這項和約。

從歐洲回來的二哥看到全國上下支持的場面，很感興奮。後來他問我：「徐志摩來信要你去了沒有？」

我搖搖頭。

他說：「他這麼久沒寫信給你，一定是出了什麼岔子。你非去不可。」

二哥說這些話的時候，我突然想起，大概一年以前，徐志摩對我說過一件事，那時我還沒懷孕。他說，全中國正經歷一場變局，這場變局將使個人獲得自由、不再成爲傳統習俗的奴隸。他好像關在籠裡的動物那樣，在房裡踱來踱去說，這些傳統讓他無法依循自己的真實感受行事，所以他要向這些傳統挑戰，成爲中國第一個離婚的男人。

我記得我雖然對他這番說詞感到吃驚，可是我既不擔心，也不懊惱。我小時候聽說，離婚的事情只有在女人失貞、善妒，或沒有好好侍奉婆家的情況下才會發生。當然，這些事情我都沒做過。我還聽說，女人離婚是件不名譽的事，娘家會不讓她回去，所以她只有三個選擇：賣娼、出家和自盡。我不相信徐志摩會逼我走上這幾條路，我瞭解他的背景和家庭。

所以，我既沒有仔細聽他說什麼，也沒把他的話當真。我以爲他只是準備去西方了，所以假裝表現得很西化。

可是，聽二哥這麼一說，徐志摩的話又在我耳畔響起。看到一波接一波的學生示威活動，我明白徐志摩說得沒錯，一場推翻傳統的運動正橫掃全國。我以為徐志摩沒有寫信給我的原因之一，說不定是他認為我想到西方，而他不能把我這鄉下土包子帶出國。

趁徐家人慎重考慮我該不該去西方的時候，我加倍努力想請個老師。老爺的哥哥和老奶奶一起住在徐志摩出生的老宅，他有幾個還沒出嫁的女兒也想求學，我就和這三個年紀比我小的女孩一起上課。

我從不敢問我公婆，我能不能到海外去，二哥就說他會幫我問。老爺到上海談生意的時候，二哥經常與他碰面喝喝茶，所以他們下一次碰頭的時候，二哥就說：「如果徐志摩繼續在國外讀書，而幼儀留在硤石的話，他們兩人的心就要愈分愈開了。」

老爺回答：「她要跟老太太作伴，還得照顧娃娃。」接著告訴二哥，這件事他得和家裡的大長輩老奶奶商量商量才行。

徐家人非常保守，所以不想讓我到海外。他們認為我是宜家宜室的人，而且是古人說的「女子無才便是德」那一類型的人。他們這麼想，當然有正當的理由，一個啥事不懂、又啥事也不想知道的女子，比起時時在求知、老想知道更多事情的女子好管太多了。可是這是過時的觀念了，他們並不瞭解，如果我多懂一些事情的話，對他們的孫子比較有好處。如果我讀些書的話，就可以將所學傳授給我的小孩，做個更賢慧的母親。

徐家決定讓我去和徐志摩團聚的時候，他已經離開美國去歐洲了。這個決定和老奶奶一點也扯不上關係，她在我終於成行的時候，還認爲送我去見徐志摩是件浪費錢財的事。

前往馬賽

我想，我公婆之所以決定送我出去，是因爲他們也懷疑事情出了岔子。徐志摩放棄哥倫比亞大學的博士學業跑去歐洲，已經讓每個人大吃一驚了。從他的來信看得出來他的不安和憂鬱，他的父母爲他感到憂心。

所以，就算老奶奶一直說不行，他們還是讓我去了。只是，我得把兩歲的兒子徐積鍇留在他們身邊。因爲在徐志摩和我都到西方過學生生活的情況下，是沒法子安頓幼兒的。另外，徐家只讓我跟著某一家人一起旅行，男人單獨成行已經不妥了，女人單獨成行又多了分危險。幸好有個從西班牙領事館來的中國家庭（有先生、太太和兩個小孩）準備前往馬賽，我們就搭上同一艘輪船一起旅行了。一路上我完全不用看小孩，光是坐在自己的艙房裡。

在船上過夜的時候，我躺在床上想著，我一看到徐志摩的時候，要有怎麼樣的舉動，又想起我與他之間長期保持沉默，還有他一開始就說我是「鄉下土包子」的情景，心情非常沉重。我和婆家住在同一個屋簷下已有五年了，卻一點也不瞭解我的丈夫。我試著告訴自己，我們之間的距離還不致於隔得太遠。上船的時候，我記起自己辛辛苦苦跟著老師上課的情形，心想也許徐志摩會注意到我現在的學識有多大的長進了。我也盼望能到西方努力求知，學習英文。

輪船上的乘客得知我出國是爲了與丈夫團聚，都說我福氣真好。他們說，你丈夫要你去真是太好了！我聽了無言以對，因爲我心裡明白，並不是徐志摩要我去的，而是婆家送我去的。我想，我公婆同意讓我去的理由，只是在提醒徐志摩對家裡的責任。

三個星期以後，那艘船終於駛進馬賽港的船碼頭。我斜倚著甲板，不耐煩地等著上岸，然後看到徐志摩站在東張西望的人羣裡。就在這時候，我的心涼了一大截。他穿著一件瘦長的黑色毛大衣，脖子上圍了條白絲巾。雖然我從沒看過他穿西服的樣子，可是我曉得那是他。他的態度我一眼就看得出來，不會搞錯，因爲他是那堆接船人當中唯一露出不想到那兒的表情的人。我們已經很久沒在一起了，久到我差點忘了他一向是那樣正眼也不瞧我一下，好像我不存在似的，將眼光掠過我頭頂。

在海上旅行了三個星期，我感到地面在我腳下晃動，可是其他事情一樣也沒變。等到我站在徐志摩對面的時候，我已經把臉上急切、快樂、期望等種種表情收斂住了。在那一刻，我痛恨徐志摩讓我變得如此呆板無趣。和他在一起的時候，一直是這樣子。我怎麼會以爲我們會有話可談，又怎麼會以爲，他會嘗試讓我覺得我是他世界裡的一部分呢？

他說他想看看巴黎，我們就從港口直趨火車站。連坐火車的時候，我們還是很少交談——大概稍微談了點我旅行的經過和婆家的情形。我們抵達巴黎的頭一站是家百貨公司，他和售貨小姐幫我選了些外國服裝，而我從砍石的商店千挑萬選、上岸前一天晚上平放在船艙裡，等著這天穿的衣服，全都不對勁了。

我不曉得徐志摩講的是哪國話——我猜一定是法文，雖然我不認爲他懂法文——不過，他和正在爲我挑衣服的售貨小姐聊了起來。他一邊搖頭，一邊冷冷地上下打量著我說，不行，那件洋裝不好，另外一件怎麼樣？然後把洋裝披在我身上，這是我抵達歐洲以後，他第一次碰我。當我看到自己在鏡中穿著那襲修長的洋裝，感覺到腿上那雙絲襪的觸感和腳上那對皮鞋的緊密時，我都不認得自己了。我們還買了一頂帽子搭配這套服裝。當天，我穿著新衣，和徐志摩一起照了幾張相，寄給老爺和老太太，讓他們看看我們一同幸福地住在異鄉的模樣。

你是個鄉下土包子

接著，我們又搭乘飛機由巴黎飛往倫敦，那飛機小得我非與他雙膝交叉對坐不可。以前我從沒搭過飛機，所以暈機吐在一個紙袋子裡。我並不害怕，那只是因爲空氣不好，機身又顛來顛去的緣故。我吐的時候，徐志摩就把頭撇過去，嫌棄地搖著頭說：「你真是個鄉下土包子。」

話才說完沒多久，他也吐了。我也帶著小小的惡意，輕聲脫口說：「我看你也是個鄉下土包子。」

徐志摩有兩個朋友在倫敦機場和我們碰頭，巴黎和倫敦之間每天的班機服務顯然是在一年以前才開辦，所以他朋友急切詢問我們這趟飛行感覺如何。徐志摩突然之間變得生龍活虎，興奮地用英文和他們聊了開來。他們也是中國人，我們本來可以都講中文的，可是徐志摩不想這麼做，所以他們三個人就這樣自說自話。其中一個朋友每分鐘都停下來把褲子拉高，另外一個朋友老是皺起半邊臉，緊張地抽搐。

剩下我們兩人的時候，我對徐志摩說：「這就是你朋友啊！」可是他又丟給我一個空洞的眼神，掉頭走開了。

到了倫敦，我們住在一個好像是倫敦所有中國人聚居的俱樂部。那段時期，我們很多人都住那兒，每個人都認識別人，都是爲了某個理由來倫敦求學。所以認識徐志摩的人都睜大眼睛看著我，彷彿很驚訝見到我似的。徐志摩這時候在倫敦已經住了一年，正在倫敦大學經濟學院修課。

我們和每個人都講中文，吃的也是中國菜，連徐志摩都好像脫去了那層洋里洋氣的外殼。他會小口小口地喝茶，有時候還換上長袍，到樓下吃晚飯，我們和其他中國人統統在這兒用餐。也許他在吃中國菜的時候比較喜歡穿中國衣服吧，我也搞不清楚。

飯廳的隔壁是間交誼廳，每個人吃過晚飯，都到那兒聊聊政府和政治，詩詞和文學，其中也有少許幾位女士。我雖然話不多，可是也坐在那兒聽人高談闊論。有幾個人知道而且景仰我二哥和四哥，就跑來告訴我。

還有一個人問我打哪兒來，我告訴他從硤石來，他就問我是哪個人家，我告訴他是徐府。

他說：「哦，徐府有個叫做徐申如的人。」

我說：「對，他是我公公。」

他又說：「哦，徐府很有錢，是浙江省的首富之一。」

講這種事情非常奇怪，因為中國人認為談論金錢是很不禮貌的。

我停了半晌才說：「大概是吧，我們年輕人不插手生意上的事。」

在中國，我們從來就不准談錢。

我知道，既然我到了西方，就可以改變我的行為舉止了。我本來可以上街，可是我沒去，一直到今天，我還是不明就裡。當時除了整天等著徐志摩，我什麼事也沒做。我不曉得為什麼沒有自己一個人出門，我甚至連想都沒想過。出門好恐怖。根據徐志摩的講法，我什麼事都做不好。

他一直在忙自己的事，好像我不在那兒似的。他衝進衝出，安排這、安排那，因為他就要成為康橋大學皇家學院的文科特別選科生，而且打算搬到康橋去，要租房子，還要打點旅行的事。他叫我待在房裡別管他，所以我就坐在倫敦中國同學會裡，覺得迷失了方向，因為其他中國人全都有事情要辦，有功課要完成，連女士們也一樣，而我卻無所事事。徐志摩隔一段時間會回房間，而他回來只不過是為了要再離開。每次他發現我還在那兒，就露出驚訝的表情。我心想，我會去哪兒，說不定他以為每次丟下我不管，就可以憑意志力讓我消失得無影無踪。

我起先以為是我不能自立，才讓徐志摩對我退避三舍的，可是事情並不如此單純。他每天早上都穿著漿得筆挺的尖領襯衫和釘了三顆釦子的毛料夾克，行爲舉止也像這些穿著一樣洋化。對我來說，他就是個外國人，言談間不時叼著根香菸，而不是搖著把摺扇，喝的也是加了糖和奶的濃茶。

要是我可以憑意志力讓自己在他面前消失的話，我早就這麼做了。可是，雖然我盡可能嘗試把自己變得謙卑渺小、無足輕重，而徐志摩還是沒改變他對我的態度。有一次，他把一個名叫狄更生（Goldsworthy Lowes Dickinson）的人帶回家，我知道狄更生是安排徐志摩到康橋大學讀書的人之一。當他用英文和狄更生交談時，他的確活在一個不同的世界。跟狄更生和其他外國人在一起的徐志摩與平時是不一樣的，他是那麼樣的快活。

徐志摩以「Goldie」暱稱狄更生，他和朋友在一起的時候雖然總是歡天喜地的，可是好像對狄更生情有獨鍾，繞著他手舞足蹈，興奮異常。我只看過他們兩人在一起一次，就能判斷徐志摩崇拜狄更生。我看到他神采奕奕，聲音飛揚，肢體動得迅速又奔放。他送走狄更生再回屋裡的時候，又對我露出不屑的神色。

於是我對徐志摩起了反感。雖然他從不辱罵人，可是平常一到晚上，他就不高興看到我在那兒。當陽光普照、他不必和我長時間待在一起的時候，他就對我擺出平和甚至愉快的態度。到了黃昏時分，某種憂鬱的神情彷彿無可避免地降臨到他臉上。當黑夜來臨、他向朋友道過晚安之後，他好像又敏銳的察覺到我們兩相廝守的命運了。自從我到歐洲以後，我們又自然而然的成爲沒有感情的夫妻。有一次，他和我一起躺下後，他的呼吸聲不但沒有緩和下來，反而因爲覺得挫折和失敗而揚起——他在最想擺脫我的時候，敗給了我的肉體，對我們要廝守在一起這件事感到氣餒。

早在倫敦時期，我就懷疑徐志摩有女朋友了。有一次，我們搭乘一輛公共汽車——我想是在前往南安普敦（Southampton）訪友時搭的那輛吧——我一個人坐在面對車尾巴的位子上，徐志摩和一位男性朋友坐在車子前頭靠近司機的地方。從司機那面大型照後鏡反射的影像中，我可以看到徐志摩和他朋友正在深談。有一會兒，徐志摩一邊指指坐在車後的我，一邊示意他朋友別開口，而我直到那時才發現，自己一直在觀察他們。我想知道，徐志摩還有什麼想瞞著我的事？同時，我也好奇，他竟會爲了瞞著我這件事而心浮氣躁。也許他對這件事的處理方式是很西化的，而在中國，男人納妾是很正常的事。他父母替他挑選大太太，也就是元配夫人，他自己物色小太太，也就是妾。元配夫人不能反對他娶小老婆，她其實有義務歡迎小老婆入門。善妒是「七出」（就是男人可以和女人離婚的七個理由）之一。

男人納妾的理由有二，主要理由是大太太不能生兒子。就拿徐志摩老師梁啓超的元配夫人做例子好了，她沒生兒子，只生了個女兒，生的時候年近四十歲，當時和梁啓超住在日本。由於無法履行對梁家的責任，她就回國挑了個小老婆，帶著這個二太太一起回日本。這位大太太被教養得很好，知道她對梁家的責任。

男人納妾的第二個理由是他想擁有她，老爺就是想擁有很多女人——東西南北各有一個——正如徐家佣人說的那樣。

我討厭自己心裡產生失望的感覺，那天下午剩下的時間就試著盯著車窗外的風景看。我早該料到徐志摩有女朋友的，要不然過去他在國外那兩年，爲什麼沒來信要我去呢？

幼儀母親以端莊姿態留影。

幼儀父親是位受人敬重、治家嚴格的醫生。

幼儀與兄弟姊妹於一九二七年齊聚上海參加雙親喪禮。左半坐者左起爲大姊、四妹、幼儀，立者左起爲三妹及兩位嫂子，右半坐者左起爲大哥、二哥、八弟、五哥、三哥，立者左起爲七弟、四哥及六哥。

幼儀與徐志摩於一九二一年在歐洲拍攝的第一張合影，影中人穿著入時，翌年兩人便告離異。

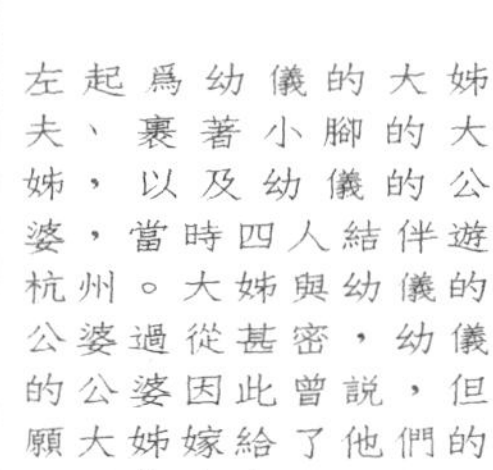

左起為幼儀的大姊夫、裹著小腳的大姊，以及幼儀的公婆，當時四人結伴遊杭州。大姊與幼儀的公婆過從甚密，幼儀的公婆因此曾說，但願大姊嫁給了他們的兒子徐志摩。

幼儀的二哥與徐志摩。雖然攝影時間不詳，但幼儀相信，二哥並不認為在他們離婚後與徐志摩合影有何不妥。

幼儀一九二四年攝於德國。
她說，女士上街總是戴帽，
否則有被誤認爲佣人之嫌。

左起爲二哥、劉太太、懷孕的幼儀和劉文島。劉氏夫婦時爲巴黎大學學生，在徐志摩拋棄她後，好心收容懷了孩子的她。

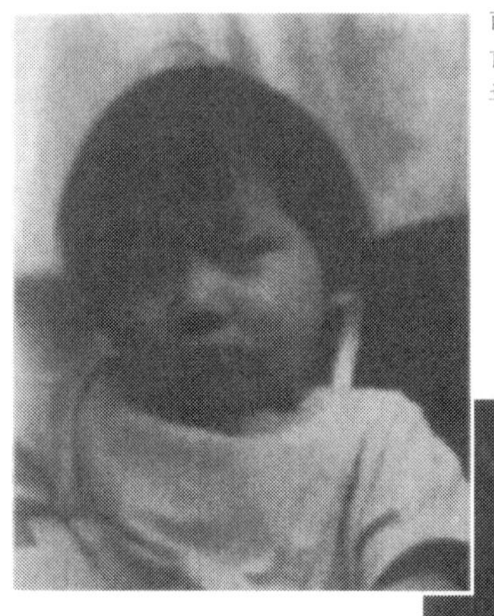

兩歲的彼得攝於夭折（一九二五）前一年。他生養於柏林，死前只見過父親一面。

幼儀在柏林唯一的朋友朵拉疼愛彼得有加，彼得死後，將其遺像懸於案前。

幼儀自德返國後不久，與母親、姊妹合影。她那身西服和條紋帽，與披掛傳統服飾的姊妹們形成強烈對比。

幼儀的八弟，也就是我爺爺，盛裝參加徐志摩再婚婚禮。爺爺熱愛徐志摩，愛到要別人在他喪禮中朗誦一首徐志摩的詩。

十八歲的幼儀摟著長子，徐家人以他爲傲。

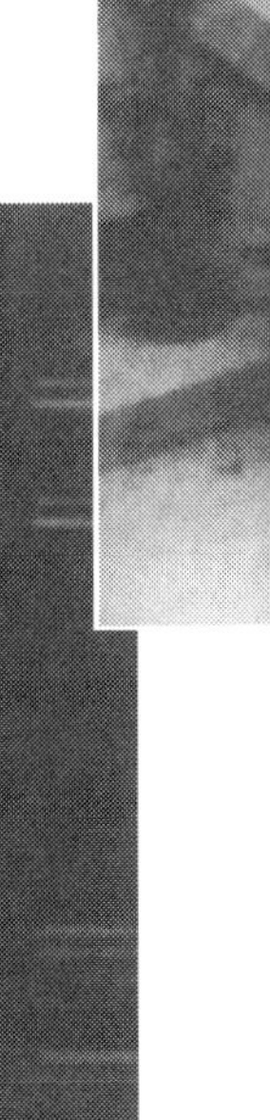

幼儀長子徐積鍇（乳名「阿歡」，意爲「小開心」）與奶奶於硤石鎮家門口。

幼儀與青少年時期的阿歡。一九二六年自德國返鄉後，她就獨力撫養兒子。

我爺爺（中立者）於一九四五年訪美時，與二哥、四哥合影。三人在共產黨接收大陸後定居美國，死後均葬在加州北部一座山邊的墓園。

孫兒繞膝的幼儀攝於上海海格路家中。左起為瑪格麗特、安琪拉、凡恩、冬妮。

我與家人一九九一年攝於康乃狄克州漢登市。坐在哥哥腿上的是家犬「桂林」，名字取自濱臨灕水、以山水著稱的廣西名城。

一九八六年耶誕節，幼儀與我攝於她在紐約的寓所。

幼儀穿著黑色綢衫於上海拍下這張肖像（約一九三七年），當時她擔任上海女子商業儲蓄銀行副總裁。

9 小腳與西服

我讀大學的時候，有一次和男友陪一位從中國來的學者共進早餐。我已經不記得那學者的姓名，只記得他到哈佛大學作一天左右的訪問。我當時的男友大衛是個白人，他學過中文，對中國事物（包括我在內）很感興趣，所以透過一個學術交流計畫，自願留這位學者過夜。

劍橋市那天清晨是個典型的新英格蘭大冷天，我們三人坐在幾乎是空盪盪的餐廳裡用餐。我心想，這又是輕鬆平常的一頓早飯，我可以在那兒看報紙，煩惱下堂課要上什麼，而且大部分時間不用和大衛或那學者有太多交談。我與他見面只是爲了吃那頓早飯，而且我不像大衛那樣，覺得從中國來的人有什麼新鮮的。

當我起身再去倒些咖啡的時候，那學者用中文對大衛說：「她已經不是中國人了。」後來，大衛告訴我這件事，我聽了勃然大怒。這個人有什麼權力說那種話？他怎麼知道什麼叫做中國人，什麼不叫中國人？難道只因爲我生長於西方，不在中國長大嗎？爲什麼我如此憤怒？

當我將幼儀和徐志摩兩人從一九一八到一九二一年的經歷與此對照後，我對這人所下的評語作了許多思考。幼儀於一九一八年生下阿歡後，發現自己在硤石過得閒閒散散而不安於室。徐志摩則於此時遠赴美國，自克拉克大學畢業，在紐約哥倫比亞大學取得政治碩士學位，又開始攻讀博士。一九二〇年十月，他憑著一股衝動放棄美國學業，漂洋過海到英國。本來打算跟著羅素（Bertrand Russell）讀點書，卻發現羅素當時根本不在英國，而且羅素因爲在戰時主張和平，而被劍橋大學除名。

徐志摩徘徊倫敦街頭，寫道：「那是我深感抑鬱和追求新方向的一段時期。」

我很好奇幼儀對自己未能獲得與徐志摩相同的教育機會這件事，作何感想。如果她也有同樣機會，她可能會變得怎麼不一樣？我認爲徐志摩從未給過幼儀機會。他自始就對幼儀不懷善意，而且從不讓她有說話的機會。

一九八九年夏天，我漫步於劍橋大學（即康橋大學）氣勢如虹的草坪和中古世紀的紀念碑間，心中想像著徐志摩在一九二一和二二年間必然曾於此地造成轟動。根據史料記載，李察斯（I. A. Richards，譯注：美籍英國文學評論家）曾邀請徐志摩參加「異端社」（Heretics Club）這個專門討論韻律學和翻譯學的文學圈子的活動，佛斯特（E. M. Forster，譯注：英國小說家）描寫過，與徐志摩見面是他畢生最興奮的事情之一，狄更生也一直戴著徐志摩因仰慕而送他的帽子。

徐志摩的那些西方朋友一定覺得，他同時帶著異國情調和唐吉訶德式的情操，也是個頭腦聰明，個性浪漫，在西方傳統中發現到同質精神與風格的中國人。我認爲徐志摩擁有東西方最優秀的特質，很羨慕他能如此融入西方世界，他融入得比我這個成長於西方的人要好。他是怎麼辦到的？他又如何與西方人成爲朋友，卻沒被他們喊成「清客」和冠上一些名稱？我羨慕他這種駕馭能力，他似乎擁有一切，中國人推崇他，西方人也欣賞他。

難道他是用一種對自己的同胞和妻子所沒有的盲目態度，對待和接納英國人？我大部分的朋友也不是中國人，這是否意謂著我和徐志摩一樣，都是吸吮白種文化的人？

念大學的時候，我好羨慕那些只和自己人搭上關係的中國人，他們彼此以中文交談，結成一大夥四處晃盪。他們看起來總是那麼自在滿足，而每當我和其他中國人在一起時，就會情不自禁注意自己，在我們行經校園的時候，擔心別人會以爲我們是外國人或校外人。

當我與西方朋友一起走過一羣中國人身邊時，我又沒辦法不好奇他們對我持何種看法。他們會認爲我鄙視自己的傳統嗎？我和什麼人在一起都有問題。譬如說，如果我走進一家中國餐館，服務生馬上跟我說起中文的話，我就會有壓迫感；要是他不跟我講中文，我也同樣覺得不安。

我想和華裔男子約會，也想和西方男子拍拖，但只有在後者對中國略有認識的條件下，我才與他們外出。而對只和中國女子約會、假設中國女人比美國女人卑躬屈膝的西方男子，我也覺得不屑和猜疑。更教我生厭的是那些自稱對中國極感親切，以致於自認對中國的瞭解比我們對中國的暸解還多的老外；而最令我痛恨的，是那些斗膽想對我剖析我自己的人。

沙士頓的中國主婦

我們搬到一個叫做沙士頓（Sawston）的小鎮，那地方離康橋大學大概有六哩遠，徐志摩就要在這所大學的皇家學院當文科特別選科生。狄更生已經幫徐志摩打點好學校裡的一切，徐志摩就替我們倆料理一些事情。我們租了間有兩個臥房和一個客廳的小屋，從客廳的大玻璃窗可以俯視一條都是灰沙的小路。我們住的那條街只有三棟房子，環繞在我們四周的是羊兒吃的青草地，屋子後面通向一座高起的陽臺，再走遠一點，有個旁邊長滿雜草和灌木的池塘，就和張家合院後頭一樣。

徐志摩請了個女老師來家裡教我英文，我從開始就想學了，後來英文課半途而廢，因爲那個女老師埋怨她要走的路太遠，當時我字母已經學了一半，會講「早安」和一點點會話。我事後才納悶，爲什麼我沒有堅持要她或是徐志摩讓我繼續上課。不過，那時候有太多事要忙了：要買東買西、打掃內外，還要料理三餐。

我來英國的目的本來是要夫唱婦隨，學些西方學問的，沒想到做的盡是清房子、洗衣服、買吃的和煮東西這些事。許多年以後，我和第二任丈夫蘇醫生一起回沙士頓，我很訝異當年自己是如何在那小屋裡安排每天的日子的。我好像家鄉的佣人一樣，坐著公共汽車去市場，再拖著食物回家裡。有幾個星期，我們接到徐家寄來的包裹，裡頭裝了些中國土產和烹飪材料，可是大多數時候，我都是靠自己張羅吃的。我不曉得自己是怎麼辦到的，當時我啥事也不懂，又老是缺錢用，徐志摩給我的生活費差點不夠支付家用，市場又離家好遠，所以我大部分時候都仰仗一個把貨車停在我們家門前，賣我新鮮食物的菜販。那時候，我知道的事情真是少啊！我記得我們客廳的壁櫃裡有個奇怪的機器，我不曉得那是吸塵器，所以一直用掃把打掃。

那時我有沒有想過我們夫妻都到西方以後，丈夫對我的態度會有所改變呢？在中國，夫妻之間應該保持距離，尤其是在公婆面前，以表示尊重。可是在西方，就我們兩人一起，我們本來可以為所欲為，不過只有徐志摩做到了，他愛來就來，愛去就去，好像我不在那兒似的。他總是回家吃午飯和晚飯，也許是因為我們太窮了吧！如果飯菜好吃，他一句話都不講；要是飯菜不好，他也不發表意見。他的心思飛到別處去了，放在書本文學、東西文化上面。

今天你們年輕人知道怎麼樣討論事情，像你大概就會嘗試和你先生商量大小事情，可是當年我沒辦法把任何想法告訴徐志摩；我找不到任何語言或詞藻說出，我知道自己雖是舊式女子，但是若有可能，我願意改變。我畢竟人在西方，我可以讀書求學，想辦法變成飽學之士，可是我沒法子讓徐志摩瞭解我是誰，他根本不和我說話。我和我的兄弟可以無話不談，他們也和徐志摩一樣博學多聞，可是我和自己的丈夫在一起的時候，情況總是：「你懂什麼？」「你能說什麼？」他騎著自行車往返於沙士頓火車站和康橋之間，有時候乘著公共汽車去校園。就算不去康橋，他每天早上也會衝出去理髮，我完全不能理解他這個習慣，我覺得他大可以簡簡單單在家修剪頭髮，把那筆錢省下來，因爲我們好像老在等著老爺寄支票來。可是，徐志摩還是我行我素，做了好多我無法置喙的事情。

就拿郭君作例子吧，他的名字叫郭虞裳，我搞不清楚這個人爲什麼有一天出現在我們家，然後就搬進來和我們同住了。起先我以爲是徐志摩需要那筆房租；現在回想起來，又認爲大概是郭君一直獨居，而徐志摩告訴他，住在一間有人燒上海菜給他吃的房子，日子會好過得多，也可能是徐志摩不想和我大眼瞪小眼獨處。總之，郭君住進另一間臥房。在這之前，徐志摩一直用那間房當書房。郭君不像徐志摩那樣常去康橋，而是整天待在房裡用功。所以，如果他要散步的話，有時候他會和我一道去市場，或是到雜貨舖幫我取些東西。我感謝有郭君爲伴，至少他會和我聊聊。

我白天很少看到徐志摩，他總是在學校。不過，有一次他帶我去康橋看競舟，還有一次帶我去看范倫鐵諾的電影。我們非在白天看電影不可，因爲晚上沒有大眾交通工具可搭。本來我們打算去看一部卓別林的電影，可是在半路上遇到徐志摩的一個朋友，他說他覺得范倫鐵諾的電影比較好看，徐志摩就說，哦，好吧！於是我們掉頭往反方向走。徐志摩一向是這麼快活又隨和，他是個文人兼夢想家，而我卻完全相反。我們本來要去看卓別林電影，結果去了別地方這件事，讓我並不舒服。當范倫鐵諾出現在銀幕上的時候，徐志摩和他朋友都跟著觀眾一起鼓掌，而我只是把手擱在大腿上坐在漆黑之中。

我們在沙士頓的生活過得窮困潦倒。如今我一讀到描寫康橋的文章，就會想到當初我可以做的種種有趣的事情。我可以沿著幾座古橋散步，欣賞那羣建築的結構，也可以坐在康河的中樞「Backs」純粹享受自然。在硤石的時候，我渴望出門四處逛逛看看，可是家人不准我單獨上街。到了沙士頓，我有出門的機會，卻沒有出去。

他要我墮胎

隨著八月的熱浪來襲，我身上出現了有小生命的徵兆。我從懷阿歡的經驗察覺，我早上會有反胃和虛弱的感覺。在硤石的時候，我想要也需要生孩子；而在沙士頓，我不知道要怎麼辦，懷孕期間我要怎麼料理家務？我能在這兒養孩子嗎？我有必要回硤石嗎？爲了要怎麼樣把這消息透露給徐志摩，讓他知道這件事，我左思右想了好幾天。有天下午，我就趁郭君出門時告訴他了。

徐志摩聽了立刻說：「把孩子打掉。」

我這輩子絕沒料到我會得到這種反應。就我所知，打胎是有生命危險的，只有瀕臨絕境——有了外遇、家人快要餓死、餵不飽另一張嘴——的女人，才會冒險打胎。

於是我說：「我聽說有人因爲打胎死掉的耶。」

徐志摩冷冰冰地說：「還有人因爲火車肇事死掉的呢，難道你看到人家不坐火車了嗎？」說完就沒耐心地別過臉去，不看我。

「可是我要去哪裡打胎？」我問。

他搖搖頭說：「你會找到地方的，這種事在西方是家常便飯。」

在中國，生孩子是件有福氣的事，特別是生男孩。爲了延續香火和敬奉祖先，有必要生小孩。我父母和我公婆知道我又懷孕，一定會高興得跳起來。可是徐志摩並沒有考慮這些，他從西方擷取了另外一種習俗，要我把孩子打掉，好像生下這孩子是個恥辱似的。要是我們的雙親知道他把另外一個孫兒從他們手上奪走的話，他們會說些什麼呢？

我們隔鄰的房子住了另外一對姓胡的夫婦，兩人都在康橋讀書，而且是聽了徐志摩的建議，搬來沙士頓的。他們家距離馬路比我們家還遠，所以他們經常穿過我們家後院去學校。我和徐志摩談過這件事的第二天，我在後面陽臺晾衣服的時候看到了胡太太，就對她招了招手。

過了幾分鐘，她爬上階梯走到陽臺向我寒暄：「你好忙啊，就跟平常一樣，我方才還在想，我去城裡的時候要順道問候你呢。」

那天我一整個早上都在想打胎的事，而且決定要問問胡太太，看她在這方面知道些什麼。我想儘快打聽到消息，以防萬一徐志摩再問起我這件事。

胡太太倚著陽臺欄杆，擺出一副我們天天都討論打胎的模樣說：「呃，今年倫敦才剛成立第一家節育診所，你說不定可以到那兒打。」

我問：「可是安不安全呢？」同時煩躁地看著正在晾曬的一塊桌布，假想上面有個汚點，好躲避胡太太探詢的目光。

「我不曉得，」她回答，然後好像在回想某件事情似的頓了一下說，「說老實話，我聽說到法國打胎比在英國打安全。」

接著她用已經要結束這段談話的語氣強調說：「所以啊，如果我是你的話，我會去法國打。」

說完就走下陽臺階梯繼續上路了。我看得出來，打胎這件事對她來講似乎是個相當容易的決定，我很好奇她是怎麼知道所有消息的，難道她自己打過胎？是不是所有中國女人一搬到西方就做這種事？

胡太太和徐志摩把打胎看得這麼簡單，這點我搞不懂他們。我們的小孩是老天爺送給徐家的禮物，爲什麼會有人想毀了他？身爲這孩子父親的徐志摩，怎麼可以如此無情？如果他擔心我沒辦法在西方撫養這孩子的話，我爲什麼不乾脆回硤石生算了？

在我們整個婚姻生活裡，徐志摩和我從沒有深切交談過。可是，因爲是我哥哥幫我挑上他的，而且我知道他的家庭教養和背景，所以我信賴他。我以爲他是個值得尊敬、對家人和宗親誠實無欺的人，所以我要求自己下半輩子都要順著他。在徐志摩告訴我去打胎以前，我心裡從沒有過懷疑他的念頭。

可是，過了這些日子以後，我發現自己懷疑起這個讓我懷了他孩子的男人。難道我一直錯看了徐志摩，一廂情願假想他是個以學術才華光宗耀祖、事父母至孝、爲人正直的丈夫嗎？如果是這樣，那麼四哥、老爺和老太太也錯看他了。我沒法子相信這點。

假如徐志摩的一言一語暗示了他的想法或意圖的話，他就不是我所嫁的那個人，也不是那個爲了盡孝道而寫家書給父母、順從他們的願望待我如妻子的人了。他變得完全不一樣了，不只是衣著西化，連外表也洋化。我被他這種轉變搞胡塗了，這變化是怎麼發生的？難道是他的朋友、狄更生，還有其他我不認識、卻聽到他和郭君談話的人造成的嗎？還是他求學和讀書造成的？

二哥在西方待的時間比徐志摩久，他的態度並沒有變得這麼多。這也許不是時間的問題，而是個人的問題；是一個人接不接受改變的問題。從小，我就聽二哥說我生在一個變遷的時代，如果是這樣的話，也許現在正是我應該積極尋求內在改變的時機了。假如我不想讓徐志摩與我愈來愈疏遠的話，我應該做的也許是：拋開信仰，打掉孩子。我決定這麼做，不是爲了順從他，而是爲了體諒他。我要盡最大努力去打胎，即使冒生命危險也在所不惜。

我盤算著在徐志摩重提此事，或是我們收到家鄉寄來的支票，好讓我們支付手術費以前，不再和他商量打胎的事。我完全沒把握打胎要多少錢，胡太太已經告訴我打胎「不便宜」，所以我想等到老爺和老太太把每個月的支票寄到的時候，再跟徐志摩提這檔子事。

來府晚餐的女客

九月初的時候，老爺和老太太的支票寄到了，過了沒好久，他們又運了一個冬瓜和別的家鄉青菜來。這時候我已經懷了三個月身孕，可是徐志摩和我一直沒再提起打胎的事。說實話，我很高興他沒有舊事重提；雖然我準備好要討論這件事了，可是我還是希望他已經改變心意。不過，我們也從沒機會討論這件事，因爲另外一件從我到西方以後就一直隱藏在幕後的事情，這時候浮現在幕前了。

有天早上，徐志摩對我宣布：「今天晚上家裡要來個客人，她是從愛丁堡大學來的一個朋友，我要帶她到康橋逛逛，然後帶她回來和我一道吃晚飯。」

我們家裡從沒來過客人，所以我很驚訝，可是我只對徐志摩點了點頭，問他想要什麼時間開飯。

他說：「早一點。」

我就告訴他五點吃飯。

他說：「好。」然後匆匆忙忙理髮去了。

我那一整天都在打掃、買菜、準備晚飯。你知道我腦子裡有什麼念頭嗎？我以爲我要和徐志摩準備娶來當二太太的女朋友見面了。

打從我到西方的第一刻起，還有看到徐志摩和他朋友在公共汽車裡聊天的樣子時，我就知道他心裡藏了個祕密。後來住沙士頓的時候，看到他每天一吃完早飯就趕著出門理髮，而且那麼熱心地告訴我，我也不知怎麼搞的，就猜到他這麼早離家，一定和那女朋友有關係。

幾年以後，我才從郭君那兒得知徐志摩之所以每天早上趕忙出去，的確是因爲要和住在倫敦的女朋友聯絡。他們用理髮店對街的雜貨舖當他的地址，那時倫敦和沙士頓之間的郵件送得很快，所以徐志摩和他女朋友至少每天都可以魚雁往返。他們信裡寫的是英文，目的就在預防我碰巧發現那些信件，不過我從沒發現過就是了。

當時我並不知道有這回事，只曉得徐志摩要帶個年輕女子回家吃晚飯。我只猜到他有女朋友（事實上也是如此），而且想知道他會不會試圖對我吐露這事實。他大可以乾脆一點，向我宣布她是誰，然後叫我接受她，這是中國人的一套。就算我給他生了兒子，他還是有資格擁有別的女人，不管是像老爺那樣和她們玩玩了事，還是娶來做小老婆都行。

徐志摩要我們這兩個女人碰面這件事情，給了我這樣的暗示：她不光是他的女朋友，而且很有可能變成他第二個太太，我們三人會在這異國他鄉同住一個屋簷下。梁啓超的小太太就是他在日本求學的時候嫁進他家的，徐志摩顯然也會如法炮製。

我那一整天都面臨著徐志摩女朋友的威脅，她正在英國一所大學讀書，所以比我有學問多了。我料想她會講流利的英文，也可能和徐志摩一樣雅好文學。那她家人是誰？是哪個地方人？

他們認識誰?她兄弟又是何許人?

有一會兒，我想到徐志摩的女朋友說不定是個洋女人。他認識不少洋妞，說不定迷上了她們豪放的舉止，大笑時把頭往後一甩的姿態，還有穿著露出腳踝的裙子的模樣。可是我很快又打消這念頭:不，那不可能，沒有外國女人會同意以二太太的身分嫁進一個家庭的。

我從早到晚不得不一再向自己保證，我在徐家的地位是不會改變的:我替他生了個兒子，又服侍過他父母，我永遠都是元配夫人。於是我發誓，我要以莊重高貴的姿態超脫徐志摩強迫我接受的這項侮辱，對這女人的態度要堅定隨和，不要表現出嫉妒或生氣。

說也奇怪，我竟然想不起那女人的名字，乾脆叫她明小姐好了。我唯一真正記得的一件事，是她的外表。她非常努力想表現得洋里洋氣，頭髮剪得短短的，搽著暗紅色的口紅，穿著一套毛料海軍裙裝。我順著她那穿著長襪的兩條腿往下看，在瞧見她雙腳的時候，驚訝得透不過氣來，那是雙擠在兩隻中國繡花鞋裡的小腳。原來這新式女子裹了腳!我差點放聲大笑。

所以，她根本不是我盼望看到的那種女人，我還以爲她百分之百的新潮呢!後來的事實證明，我猜得沒錯。只不過，徐志摩的女朋友是另外一位思想更複雜、長相更漂亮、雙腳完全自由的女士。這個明小姐根本不是徐志摩的女朋友，但我當時並不知道這件事。

我們四人(連郭君在內)坐在一起吃晚飯的時候，明小姐說她也是在上海市郊長大的，而且提到我認識和不認識的幾家人。她父親在外交部任職，可是我沒聽說過他。我只有一個想法:如果明小姐家裡這麼新潮，肯讓她隻身到海外求學，爲什麼還把她的腳纏了？

後來，徐志摩、明小姐和郭君開始討論起英國文學，討論的時候中文裡夾滿了英文，所以我幾乎沒法聽懂他們的談話。我注意到徐志摩說話的時候不停看著地板，偷窺明小姐的腳。於是我不由自主焦躁地把我的大腳伸到桌子底下，差點就踢到徐志摩。他爲什麼如此平起平坐對待她？而她看起來是這麼特異，那身外套和裙子與她的小腳擺在一起，完全不相稱，而且根本不成比例。她父母看到她那樣子把兩隻腳露在外面，會作何感想？

徐志摩把我給弄胡塗了，這難道就是他從兩年以前到倫敦以後一直約會的女人嗎？爲什麼是她？他老是喊我鄉下土包子，如今他帶回來這麼個女人，光看她那雙腳，就顯得比我落伍了。可是，她受過極好的教育，假如徐志摩打算接受這種女人的話，他爲什麼不鼓勵我向學？爲什麼不讓我學英文？爲什麼不幫忙我變得和普通大腳女子一樣新潮？爲什麼徐志摩想和這女人在一起的程度，超過想和我在一起的程度？我並沒有裹小腳，年輕的時候也讀過書，我學的東西可以和這女人一樣多啊！

我恨徐志摩想在家裡多添一個她。他沒有小心看緊荷包，現在家裡又多了張嘴要餵。於是我腦海突然掠過一個念頭：徐志摩要我去打胎，是不是想把這女人帶進家裡取代那孩子？想到這兒我都想哭了。這女人對家裡會有什麼超過孩子的貢獻嗎？她是誰呀？我看她才不三不四，有了那雙小腳，她只會給我製造更多家務事，我還是得一手包辦買菜、打掃種種事情，而且得像服侍老太太那樣伺候她。

他要離婚

吃過晚飯以後，徐志摩把明小姐送到火車站，郭君回房休息。我被那個晚上搞得心煩意亂，笨手笨腳慢吞吞的洗著碗盤。徐志摩回到家的時候，我還在廚房洗碗。他一副坐立難安的樣子，在我身邊轉來轉去，我對他氣憤、失望、厭惡之至，差點說不出話來。我洗好碗盤以後，徐志摩跟著我走到客廳，問我對明小姐有什麼意見。

雖然我已經發誓要採取莊重隨和的態度，可是因爲腦子裡有太多念頭在打轉了，就衝口說出心裡出現的第一個想法。因爲我知道我應該接受他挑選的小太太，我就說：「呃，她看起來很好，可是小腳和西服不搭調。」

徐志摩不再繞著客廳走來走去，他把腳跟一轉，好像我的評語把他的煩躁和挫折一股腦兒宣洩出來似的突然尖叫說：「我就知道，所以我才想離婚。」

這是徐志摩頭一次對我提高嗓門，我們那間屋子驟然之間好像小得容不下我們了。於是我從後門逃了出去，感覺到夜晚冰涼的空氣衝進了我的肺裡。

徐志摩一路追著我到陽臺，氣喘吁吁出現在我身邊說：「我以爲你要自殺！」

他以爲我太保守，所以擔心我會一頭撞到陽臺欄杆上。我望著外面黑暗的夜色，又回頭看著徐志摩那張被客廳透出來的燈光照亮的臉。那一剎那，什麼事情——我們之間的痛苦、誤解、分歧——好像都荒唐地湊在一起了。

當天晚上我上床的時候，徐志摩還在客廳用功。不過，到了三更半夜，他躡手躡腳進了臥房，在低下身子爬上床的時候拉到了床單，而且他背對著我睡的時候，身體輕輕擦到我。我雖然知道他是不小心的，卻有一種這是我們身體上最後一次接觸，也是在向我們那段可悲的親密關係揮手告別的感覺。

事後我們有好些天沒說話，雖然這一點也不新鮮了，可是我還是覺得那種死寂快教人受不了了，徐志摩那天晚上說話的聲音在我腦中迴盪不已。以前他從沒那樣發過脾氣，這很明顯地表露了他沮喪的程度，而他在要求我離婚的那一刻，已經把我們生活的次序破壞掉了。我現在沒辦法拿捏他的脾氣了，他說話的時候，我怕他會再提高嗓門；不說話的時候，我又很想知道他什麼時候會再這樣。我仔細察言觀色，注意他一舉一動；每當他離開飯桌跨出大門的時候，他好像急躁、緊張，又懷有目的似的。有天早上，他頭一次完全沒碰早飯就走了，我從屋子前面的大窗看著他踩著自行車踏板順著街道騎下去，心想不曉得接下來會發生什麼事。

他要離婚？爲什麼？難道他覺得我沒好好服侍他或是他父母嗎？他是不是以爲我不願意接受小太太？我覺得和徐志摩談離婚的事一點意義也沒有，有人會談錢的問題或是早飯要吃什麼，可是不會商量離婚的事情。徐志摩既然已經說他要離婚了，要商量也爲時已晚了。

不告而別

這樣大約過了一星期，有一天，徐志摩就像他當初突如其來要求離婚那樣忽然消失了。他第一天、第二天，甚至第三天沒回家，我都還以爲他可能是去倫敦看朋友了。陪我買菜的郭虞裳雖然還住我家，可是連他也不知道徐志摩的行踪。我的丈夫好像就這樣不告而別了。他的衣服和盥洗用具統統留在家裡，書本也攤在書桌上，從他最後一次坐在桌前以後就沒碰過。我知道，要是徐志摩早就計畫離家出走的話，他至少會記得帶他的書。

一個星期過完了，他還是不見人影。郭君好像猜到事有蹊蹺，有天一大早便帶著箱子下樓說，他也非離開不可了，說完就走。

這時候，懷孕的身體負荷讓我害怕。我要怎麼辦？徐志摩哪裡去了？我沒法子睡在與他共枕過的那張大床上，也沒辦法在覺得自己不會尖叫失聲的情況下，穿過一個個房間。我完全孤立無援。

待在那屋裡的那些日子好恐怖。有一回我從後窗往外瞄了一眼，看到鄰居從草地走過去，竟然嚇了一跳，因爲我有好幾天沒看到別人或跟任何人講話了。我也不想過去告訴他們這件事，因爲我不覺得這事情與他們有什麼相干。

回想在硤石的時候，當日子一天天變暖，附近的西湖出現第一隻遊船後，我們就會換上輕薄的絲綢衫或棉紗服，佣人也會拿來一堆家人在夏天期間用來納涼的扇子；在他的托盤裡擺著牛角、象牙、珍珠和檀木摺扇，還有專給男士用的九骨、十六骨、二十骨或二十四骨的扇子，因為女士從不使用少於三十根扇骨的扇子。有的扇面題了著名的對子，有的畫著鳥、樹、仕女各種東西。

我們一整個夏天都用扇子在空中搧著，天氣逐漸轉涼以後，就把扇子收在一邊。所以中文裡面有個形容，可以拿來形容被徐志摩孤零零丟在沙士頓的我：我是一把「秋天的扇子」，是個遭人遺棄的妻子。

就在這個時候，我考慮要了斷自己和孩子的性命。我想，我乾脆從世界上消失，結束這場悲劇算了，這樣多簡單！我可以一頭撞死在陽臺上，或是栽進池塘裡淹死，也可以關上所有窗戶，扭開瓦斯。徐志摩這樣拋棄我，不正是安著要我去死的心嗎？後來我記起《孝經》上的第一個孝道基本守則：「身體髮膚，受之父母，不敢毀傷，孝之始也。」於是我打斷了這種病態的想法。這樣的教誨好像一輩子都揮之不去。

有天早上，我被一個叫做黃子美的男人敲門的聲音嚇了一跳，他說他知道我一個人在家，又說他從倫敦帶了個徐志摩的口信給我。我就請他進門，倒了杯茶給他，以緊張期待的心情與他隔著桌子對坐。

「他想知道……」黃君輕輕皺著眉頭，好像正在一字不漏地搜索徐志摩說的話那樣頓了一下說，「……我是來問你，你願不願意做徐家的媳婦，而不做徐志摩的太太？」

我沒立刻作答，因爲這句話我聽不懂。最後我說：「這話什麼意思？我不懂。」

「如果你願意這麼做，那一切就好辦了。」黃君接腔，一副沒聽見我說什麼的樣子，然後慎重吸了口氣說，「徐志摩不要你了。」

他說這話的時候，我試著不在他面前露出僵硬的表情，又重問了一遍我的問題：「這話是什麼意思？」然後嚥著口水說，「假如徐志摩要離婚，我怎麼可能做徐家的媳婦？」

黃君喝了一小口茶，若有所思打量我的頭髮、臉孔和衣服。我曉得他準備回去向徐志摩報告結果，一念及此，我就火冒三丈，突然頂起下巴對著他發言：「徐志摩忙得沒空來見我是不是？你大老遠跑來這兒，就是爲了問我這個蠢問題嗎？」

然後我就送他到門口，堅定地在他背後關上門。我知道徐志摩不會回來了。

向二哥求救

早在徐志摩提起離婚的事以前，二哥曾經來沙士頓小屋看望過我們一次。我本來一直在屋後準備午飯，正在點爐火的時候，覺得有什麼事情要發生了。

「有人來了。」我跟徐志摩說，一邊關上瓦斯，一邊從廚房跑到客廳窗前，發現是二哥；光看他走路，我就知道是他。他花了整整五分鐘從路上走來，我也在門邊站了整整五分鐘等他。在我離開家鄉以後不久，他也離開中國，當時住在巴黎求學。他並沒說他要來探望，可是和二哥在一起，我就是會有這種預感，我們親近到那種程度。

黃君離開以後，我終於轉向二哥求救。我坐在桌前寫了封信說明一切，信上提到我懷了三個月身孕，徐志摩要我去打胎，他說我們兩個就像小腳配西服，所以他想離婚，現在他下落不明，可是剛剛差遣了一位朋友來，問我願不願意「當徐家媳婦，而不當他太太」，我問二哥，我該怎麼辦？

信寫完以後，我走到樓上臥房，把手伸進梳妝臺最上面一個抽屜的後頭，拿出薄薄的一疊信，那都是二哥寫給我的，和他寫給我跟徐志摩的信分開放著。我瞄了一眼信封背面所寫的字，就回到樓下，費勁地把二哥的地址抄在一張信封的正面。因爲我跟以前那個女老師學過英文，所以我才有辦法把英文字母抄下來。不過，我的字跡還是歪曲零亂，非常難看又沒學問，想當初我還以爲我會到歐洲求學呢。

我披上一件外衣，走到小雜貨舖去寄信，回到家時，天都黑了。我給自己燒了頓白飯加包心菜的簡單晚飯，然後打開所有電燈獨自坐在屋裡，從徐志摩離開以後，第一次落淚。徐志摩沒安頓好家裡、還有房子，就拋下了我，除了向哥哥求助，我還能怎麼辦？

幾天以後，二哥來信了，我趕忙把信撕開。二哥劈頭就用一句中國老話表達他對離婚消息的哀痛：「張家失徐志摩之痛，如喪考妣。」由此可見二哥熱愛徐志摩的程度，就和愛自己的父母一樣。

二哥指點我：「萬勿打胎，兄願收養。拋卻諸事，前來巴黎。」

有了這句話，我就在一個秋天的早上離開沙士頓了。我關上大門，儘量把東西都帶在身上，從那條沙土飛揚的小路走到火車站，就和徐志摩一樣一走了之。唯一讓我一想起來還覺得遺憾的，是把老爺和老太太大老遠從家鄉運來的冬瓜統統丟下了。

10 賢賢妻子

在我訪問幼儀的那些年間，她唯一哭過的一次，是在她描述二伯祖聽到他們離婚消息後表示哀痛的時候。我無法相信張家人愛徐志摩會愛到這種程度。

看到幼儀嘗試做好每樣事情，到頭來卻還是受到傷害，就讓我感到錐心之痛。她爲什麼這麼在乎她離婚會讓她哥哥和家人失望？她一直都在努力嘗試做徐志摩的賢妻啊！

我大學畢業那年夏天，媽問我這輩子想做什麼，我不知道答案。當時我大部分同學都已經在投資公司實習兩年，我卻在沒有未來計畫，工作也無著落的情況下回到爸媽家。我只想繼續撰寫幼儀的故事，再和她多聊一聊，與她一起討論她的生平。

「那書寫完以後呢？」媽問我。

「我不知道，」我對她說，「我看不到未來。」

「如果你不曉得要做什麼，那沒關係！」媽說，但她顯然還是在擔心我。她等了一下又說：「要是你想嫁人的話，也沒關係。」我聽了莫名其妙的看著她，因爲我壓根兒沒想過這件事。

當時我二十一歲，和幼儀被徐志摩遺棄在沙士頓的時候同齡，也和媽嫁給爸時的歲數一樣。雖然我的確期待將來和某個人一起生活，但當時根本沒有結婚的念頭。我的個性還有這麼多沒有定型、沒有發揮的部分，我覺得自己尚未準備好要面對媽當初所做的抉擇或所擔的責任，她婚後不久就有了孩子，在爸轉到耶魯大學的時候，還差一年就拿到博士學位，她卻中途輟學。

大學畢業典禮結束後，我與幼儀見了一面，她問我什麼時候結婚。

爲了滿足她的好奇心，我裝作一副胸有成竹的樣子答道：「二十八歲。」

「不行，不行，太遲了。」幼儀說，她好像在和我妥協似的宣布：「二十五歲才是合適的年齡。」

雖然我對婚姻沒有一定的看法，但我知道如果幼儀的遭遇降臨在我身上的話，我一定會被擊垮。當幼儀告訴我徐志摩愛上林徽音（譯注：後改名林徽因）的時候，我爲她感到又氣又妒。林徽音是中國國際聯盟同志會發起人之一、兼任理事的林長民之女，當時芳齡十七，人長得漂亮，又受過良好教育。一九二〇年夏天，徐志摩透過他老師梁啓超，在倫敦認識了林徽音父女。先是徐志摩和林長民成爲忘年之交，他們玩過一些文學遊戲，譬如互通情書，由徐志摩扮做年紀稍長的男士，林長民裝作年輕少婦。最後是林徽音和徐志摩雙雙墜入情網。

觀察幼儀和媽的一生，我對婚姻怕得要命。我希望自己能和身兼徐志摩的戀愛對象和知識對手的林徽音一樣。而把一個有主見的女人變成嫁雞隨雞的女人，那樣的婚姻是什麼滋味？一個中國女子在遇到某個男子以後，是不是就不再成爲本來可以變成的樣子了？當然，幼儀生存得很好；媽在督導三個孩子成功完成學業（三人都是哈佛大學畢業生）以後，也修完了博士學位；林徽音後來也成爲一名成功的建築師。那麼，我會如此煩心和困惑，究竟是爲了什麼？

徬徨心路

我對於從家裡到沙士頓車站那段漫長路程、橫渡英吉利海峽的旅行經過，還有後續發生的事情，印象都很模糊了；就連我剛到巴黎，和二哥一起坐在他公寓裡的時候，也記不清楚路上的情形。當時我的英文太糟糕了，只認得二哥在信裡頭拼給我看的「Paris」這個字，我一路上都在尋找這個可以和其他外國字區分的字。

在橫渡英吉利海峽的那條船上，我做了這輩子第一次違背徐志摩意思的決定：要把孩子留下來。回想過去在沙士頓的那一年，徐志摩對我冷若冰霜，不理不睬，甚至叫我去打胎的時候，我都尊重他是我丈夫而順著他。可是，他沒把家裡安頓好，罔顧他對我、還有他未出世孩子的責任，就把我丟在沙士頓不管以後，我再也不認爲他是個好丈夫了。如果他要用這種方式拋棄我的話，我憑什麼應該當個賢妻，聽從他的要求去打胎？我可不願意像徐志摩突如其來把我丟下那樣，遺棄我的小孩。

我到巴黎的時候，二哥告訴我，他願意收養我生的孩子。起初，我認爲這是最通情達理的解決辦法，心想假使我離婚的話，我一個人要拿這孩子怎麼辦？可是，和他住了一個星期，我才發覺不管他立意多好，他都沒辦法獨力照顧任何小孩。二哥那時候還沒結婚，整天埋頭研究他的哲學，我變成了照料家裡的人。爲了讀懂法國思想家的著作，他每天在巴黎大學上法文課，而且打算幾個月後轉到德國耶拿大學（Jena University），投入德國哲學家倭伊鏗（Rudolph Euken，譯注：倭伊鏗專攻生命哲學之研究，於一九〇八年獲得諾貝爾文學獎）的門下。

我也考慮到老爺和老太太。不管徐志摩和我之間發生什麼事，我還是阿歡的母親，我希望他有個弟弟或妹妹，而老天爺已經賜給我這麼多福分了，所以我心想要是我離婚的話，我願意把這孩子送回家鄉，求徐家收養。

一提到回國，我就緊張兮兮。我覺得如果我離婚的話，大部分的人都會怪罪於我，他們會以爲是我犯了錯，因爲自古以來，往往都是男人把妻子給休了，他會簽下一紙離婚證書，上面列出公認休妻理由中的某一條或某幾條，這些傳統的休妻理由就叫「七出」，一個妻子犯了下面七件事，就要被丈夫趕出去：一、不從公婆；二、無力生子；三、與人通姦；四、善妒反妾；五、身染惡疾；六、口舌過多；七、爲盜爲竊。

假使離婚的話，人家可能以爲我虐待老爺和老太太，不肯接納徐志摩的女朋友，甚至可能以爲我和郭君有婚外情。要是他們認爲我犯了「七出」的任何一條，就會說我閒話，而且會排擠我。

二哥告訴我別擔心，他說天知地知我並沒有犯下這七大過失裡的任何一個，他還告訴我，我的想法過時了。根據他知道的法律，現在只要男女雙方都同意，就有可能離婚。可是，根據孝道禮俗的規定，如果男方小於三十歲（徐志摩當時二十六歲），女方小於二十五歲（我當時二十一歲），還必須取得雙方家長的同意。

我很好奇，徐志摩告訴徐家他想離婚的時候，徐家會怎麼辦。他父母會同意嗎？老爺和老太太很疼我，而且觀念守舊，他們大概會堅持要徐志摩與我白頭偕老。有段老話說：「如果一個男人喜歡他的妻子，而他父母不喜歡她的話，他就應該把她休了。可是，如果一個男人不喜歡他太太，而他父母說她把公婆侍奉得很好的話，那他在各方面都應該要以做丈夫的樣子對待她。」徐志摩提議我「做徐家的媳婦，不做徐志摩的太太」，大概就是因爲擔心他父母不會答應他離婚吧。

那我自己的父母又怎麼辦呢？一想到要告訴他們和四哥，我就覺得畏縮。當年他們特別爲我相中了徐志摩，要是他們知道徐志摩想離婚的話，一定會傷心的。我曾經聽說有些離婚婦人的雙親因爲覺得太丟人現眼了，有時候會拒女兒於門外。可是我沒做過什麼失節操或不正當的事情，所以要是我非和父母住在一起不可的話，我敢說他們會歡迎我回家的。我也相信，如果我父母非得同意離婚的話，他們願意點頭的可能性非常高。

至於我自己呢？我當時想，如果徐志摩不想和我一起生活，而我還在嘗試與他共同生活，那又有什麼意義呢？除了同意離婚，我能怎麼辦？

可是，在我懷孕這段期間，我要怎麼樣供養自己呢？我手邊只有徐志摩在沙士頓給我的一點買菜錢，還有我在家中四處找到的一些餘錢。於是我決定寫信給公婆，通知他們我的狀況。我沒告訴他們徐志摩要求我離婚的事，只說他和我分居了，我和二哥住一起，而且在法國求學，因為有人認為住在法國比住在英國有益健康。我在信中完全沒提徐志摩，只說我需要錢讀書和養小孩。

幾個星期以後，我由二哥的住址收到一張公婆寄來的二百美金支票，老爺好像並不關心徐志摩和我分居的事情，他信上說他會按月寄張支票給我，他很高興我能照顧自己和孩子。

借住劉家

當時懷了三個月身孕的我，差不多天天害喜。可憐的二哥！他不曉得該怎麼照顧我這種懷孕的女人。他說，如果我準備懷滿九個月的話，和女人家住一起會比較舒服。我同意他的說法，雖然我不想離開他，可是當時的情況似乎變成：如果我待下來，就要替他煮飯打掃，結果累死自己。

二哥認識一對也在巴黎大學深造的劉姓夫婦，他們爲了節省房租而住到鄉下，不過他們同意讓我免費住他們家一陣子。

二哥笑著說：「我告訴他們你身子不舒服，打算在徐志摩出門遊歷期間和我待在一起。劉太太一聽，就明白你和女人家同住會覺得比較舒服。」

當時我們沒有一個人知道徐志摩的下落，所以二哥編的故事聽起來合情合理。他和我從巴黎乘了一個小時的火車，又從火車站走了大概半個鐘頭的路，才到劉家。我連那村子的名字都記不得了，不過它立刻讓我想起沙士頓，那是個環境非常安靜的小村子，村裡有一些遠離馬路的低矮房舍。和二哥一起沿著黃土小道走的時候，我期待在這兒不會過得像在沙士頓那樣不愉快。

劉君的全名叫劉文島，曾經與梁啓超和二哥組成非正式代表團參加巴黎和會，一九三〇年代擔任中國駐義大利公使。我頭一次見到他的時候，他大概三十歲，禮貌、學問都很好，劉太太也在大學裡念書。二哥介紹我們認識的時候，他們親切地看著我。

劉太太先開口說：「希望你和我們住在一起會覺得舒服愉快。」

我回答：「這樣給你們添麻煩，真不好意思。」

劉君插嘴說：「哪裡，沒什麼，沒什麼。我們非常尊敬你哥哥和徐志摩，所以樂於幫忙。」

徐志摩因爲思想、氣質活潑而受朋友推崇，可是他朋友知道他是怎麼對待自己家人的嗎？我笑了笑，在劉氏夫婦面前裝出徐志摩知道我去處的樣子，也由衷感謝他們伸出援手。

劉太太趁劉君和二哥坐在客廳聊天的時候，帶我到屋子裡轉了轉。連那屋子都跟我們在沙士頓的小屋很像，只是看起來讓人愉快些，牆上貼的是淺藍花色、而不是黃色的壁紙，還有一個砌了磁磚、而不是紅磚的壁爐。我的臥房在二樓，與他們夫妻的臥房相對，從裡面可以俯視街道。房間的一角立著一個洗臉盆和臉盆架，一張小書桌和小椅子，另外一邊擺著一張單人床和躺椅，窗子旁邊有張搖椅，上面放了一塊有很多花邊的靠墊，花色與白窗簾很相稱。

劉太太說她和劉君白天多半待在學校，不過都會回家吃晚飯。她提議我開始學法文，而且告訴我一個老師的名字。這真是個好主意。我在沙士頓的時候一直想學英文，可是沒有繼續學下去，法文是我第二次學習機會。我告訴劉太太，我覺得她能跟著劉君在巴黎大學求學很了不起。

劉太太聽了大笑說：「要是你曉得，我說服公婆讓我出來有多難就好了。」她說她一直想到法國念書，她丈夫得到留法機會的時候，她也求公婆送她來。雖然她已經替劉家生了個兒子，可是公婆還是不願意讓她來，直到她和劉君異口同聲慷慨激昂地懇求以後，才說服二老讓她來。

回想起我自己向公婆爭取出國的辛苦，我完全瞭解劉太太的處境。她有劉君幫著爭取到西方，真是幸運啊！而我只有二哥護著我，徐志摩並沒有給我支持。幾年以後，我聽說劉氏夫婦雙雙取得巴黎大學的學位，心裡高興得不得了。

看完房間，劉太太和我回樓下找二哥和劉君。我們一起隨便吃了頓午飯，近傍晚的時候，二哥打道回巴黎了。雖然我知道和劉氏夫婦住一起會很舒適，可是看到二哥離我而去，還是覺得難過。

脫胎換骨

中國人用「滄海桑田」這句話，來形容文化在時間推移下逐漸改變的歷程，我覺得我在法國鄉下度過的那個秋天，正是經歷了這種變化。沒有這次的脫胎換骨，我可能早就像在沙士頓時期那樣，情不自禁的考慮去自殺了。離開二哥巴黎住所的時候，我還沒把握要不要離婚。可是，等我離開法國鄉下的時候，我已經決定同意徐志摩的離婚之議。我要追尋自己承繼的特質，做個擁有自我的人。

我本身的成長和肚子裡那孩子（我以爲是個女孩）的發育正好互相輝映。我到法國鄉下的時候才懷了三個月的孕，離開的時候，懷胎已經接近八個月，這段期間我感覺到肚子裡起了很大的變化，我知道什麼時候孩子動了手腳，也感覺得到他的手指輕輕碰到了我肚子裡頭。

徐志摩過去把我們夫妻倆比擬成小腳和西服，起先我被搞得胡里胡塗，因爲我根本沒有裹小腳嘛。可是，在法國鄉下的那幾個月，我才發覺，我的行爲有很多方面都表現得和纏過腳沒兩樣。在硤石的時候，我從不敢辜負公婆對我的期望，也從沒懷疑過古老的中國習俗和傳統。

我生長在一個家學淵源、著眼將來——把兒子都送往海外深造——的家庭，可是我卻受到舊時思想的束縛，所以我必須從思想行爲方面拿出勇氣。我是家裡第一個沒有纏腳的女性，我一定要充分利用這個恩賜。

我可以回家鄉和公婆一起住，告訴他們離婚的事情，然後逼他們袒護我，可是那樣就等於是逃回家鄉，向婆家或娘家搖尾乞憐，要他們照顧我。我想起小時候，教書先生在課堂上教過我：人要「自器」，所以我打定主意留在歐洲，想辦法憑自己的力量撫養我的小孩。在可以自謀生路以前，我會繼續接受徐家按月寄來的二百美金，好照顧我肚子裡的孩子。

經過沙士頓那段可怕的日子，我領悟到自己可以自力更生，而不能回去徐家，像個姑娘一樣住在硤石。我下定決心：不管發生什麼事情，我都不要依靠任何人，而要靠自己的兩隻腳站起來。小時候，我看到張家失去所有，徒留名節，又擺脫恥辱的經歷，我知道我得嘗試做同樣的事情來洗刷我的恥辱。

看到劉太太在夜裡苦讀，我就記起自己在蘇州第二女子師範學校上學，還有在徐家跟著家庭老師念書的情景。當年我也曾經毅然決然要把書讀好，而且珍惜自己求學的日子。所以我決定，如果徐志摩與我離婚的話，我要成為一位老師，那樣一來，我回國以後，就可以自力更生，以適當的方法教養孩子。

有天傍晚我坐在樓上房間的時候，聽到街上傳來一匹馬和一輛馬車經過的聲音，原來是有訪客來看我了。我跑到窗口一看，果然有人從一輛馬車跨了出來，是七弟！他付車錢給馬車夫的時候，我打開窗子大喊：「喂，我在這兒，上來吧。」

七弟一見我就哭，不過他向來愛哭，他就是張家人個個說是女人的那位兄弟；家人還說我把媽媽身上大部分的男性特質拿走了，只留下女性特質給七弟。七弟從聲音（又軟又尖）到體態，甚至連想法都像個女人。他想知道我每天吃些什麼，對法國菜的看法，還有懷胎的滋味。雖然他說我氣色不好，可是因爲他特地從巴黎跑來看我，所以我不便與他爭論。他自己的氣色倒是好極了，就連抹著眼淚，說他萬萬想不到會找到孤苦伶仃、又身懷六甲的我時，氣色也一樣好。「瞧你這個樣子。」他說。

他是一個月前出國的，他告訴我，家鄉人都不知道我和徐志摩的事情，爸爸媽媽不知，老爺老太太不曉。我一直從法國寫信給兩邊的家人，老爺也一直按月寄二百美金生活費給我，可是我從沒告訴過他們實情。七弟離開上海之前，甚至還見了老爺老太太一面，好讓老太太託他帶一小包徐志摩最愛吃的蜜餞給他。

「徐志摩哪裡去了？」七弟問。

自從徐志摩把我丟在沙士頓以後，我就不知他去向。我侷促不安看著那包蜜餞，力圖用事不關己的聲音說：「不曉得啊，你有什麼消息嗎？」

七弟是在前一天打電話給在德國的二哥時，才聽到我的下落的。二哥已經離開巴黎，現在在耶拿大學。七弟說他也準備去德國，不是想學哲學，而是想過得省一點，因爲馬克不停貶值，所以住德國非常划算。本來七弟已經在巴黎一家旅館訂了房間，不過那天晚上，他拉出我床邊的躺椅，伸著兩腿睡在我旁邊。

到德國去

第二天一早，他就走了。他一離開，我頓時感到孤立無援，手足無措。我在廚房洗我們吃早點用的茶杯的時候，才恍然大悟，我一定要隨他去德國。我得和某個家人待在一起，要不然我會就此消失在法國鄉下。雖然劉氏夫婦對我很好，可是他們不是用我希望七弟照顧我的方式照顧我。我還剩一個月就要臨盆了，我可以去德國那邊生孩子。七弟像個女人，可以在我懷孕末期幫我煮飯、打掃、照顧我。而且據劉太太講，德國醫院比法國醫院還要安全。

於是，我打電話到七弟在巴黎住的旅館，他人還沒到，我就叫櫃檯留了個口信給他，要他在那兒等我，我會與他會合。

那天晚上，我跟劉氏夫婦說明我要隨弟弟到德國。過去三個月來，我在那兒過得非常簡樸，所以打點行李沒花多久時間。我離開劉家，差不多和離開沙士頓一樣匆忙。

我懷胎的最後一個多月，是和七弟一起在柏林度過的。一九二二年二月二十四日，我生下第二個兒子。生產的時候，沒人在我身邊。雖然我希望我母親會像她迎接阿歡那樣待在醫院，可是病房裡就我孤零零一個人。七弟連看都沒來看我，因爲他認爲產婦的房間不是男人去的地方。

我在整個生產過程以及生產完畢之後，一句話都沒說，幫我接生的德國醫生用法文對我說

（因爲我非和他講法文不可），我是他所見過最勇敢的病人。當他把兒子抱來給我看的時候，我差點哭出來，因爲我要的是女孩，我要一個我的模子，而不是徐志摩的翻版。

我在醫院大概住了一星期，惡露流得厲害。到了我該回去和七弟同住的小公寓那天，我好怕帶著嬰兒一起回家，因爲我不曉得要怎麼樣在柏林著手照顧小娃兒。我要上哪兒去買被子、奶瓶、小床？這些東西我事先都沒準備好，我猜當時我以爲在他出世以前，我可以無視於他的存在。那時候我滿懷悲傷，生怕有小孩。

第二天醫生來巡房的時候，我用法文問他：「我可不可以把我兒子留在醫院一陣子？」

他皺著眉頭告訴我：「嬰兒很健康啊，不需要把他擺在醫院裡。」

我回答：「是，我知道，可是我沒辦法照顧他。」他看了一眼床腳的病歷表，帶著安慰我的笑容說：「太太，你很好，別擔心，你夠健壯了。」

我說：「不行啊，拜託！只要讓我把他留在醫院一小段時間就好。我不知道怎麼辦，也不知道何去何從。」

後來，我從醫院打電話給七弟，他就過來接我回家。我懷孕自始至終，一直沒有徐志摩的消息；當我臃腫、脹痛、虛弱地帶著兒子從醫院回家以後，才終於得到徐志摩的音訊。家裡擺著一張有他筆跡的信封，那封信看起來好像是有人親自送來，而不是郵局寄來的。

七弟說那封信是吳經熊投到公寓的。吳經熊是我們一個朋友，曾經就讀密西根大學法學院，當時拿了另外一份獎學金在柏林大學念書。在留學海外的所有中國人當中，吳經熊是絕頂聰明的一個。他後來成爲上海特別高等法院院長，而且把《讚美詩》和《新約全書》譯成中文。

我趁七弟把我的東西拿進我們臥房的時候，向他要了吳經熊的電話號碼。電話是吳經熊接的，在我報上姓名以後，他緊張的清了清喉嚨說：

「呃，是徐志摩叫我把那封信拿給你的。」

我說：「你意思是說他不在城裡囉，他人呢？是不是和你在一起？」聽到自己的聲音因爲失去控制而提高，覺得很討厭。

吳經熊大概覺得自己洩露了徐志摩的行踪，就用生氣的口吻說：「別管那麼多了，只管讀那封信吧。」

平常，七弟下午時間都和我一起待在公寓裡，這天下午，卻在腋下夾了幾本書從臥房出來。

「我得用功去了，」他回頭大聲說，「晚上會回來。」

我不怪七弟離我而去，他何必介入我的麻煩？我拿起那封信，握在手裡好幾分鐘，心裡猜想著信的內容。徐志摩等了這麼久才與我聯繫，這段時間我在不知道他下落的情況下住到法國鄉下，又剛剛生下他的孩子，我已經受夠了，現在來了這麼封信，裡面會說些什麼？是告訴我我可以做徐家媳婦，不做徐志摩太太嗎？這封信有什麼地方會改變我的想法嗎？我已經和他還有徐家分開半年了，所以我覺得不管信上告訴我什麼，我都可以自己一個人過。

於是，我小心翼翼拆開信封，把信展開。信裡是徐志摩那一手流暢、漂亮的字跡，信上說：

> 無愛之婚姻無可忍，自由之償還自由，真生命必自奮鬥自求得來，真幸福亦必自奮鬥自求得來！彼此前途無限……彼此有改良社會之心，彼此有造福人類之心，其先自作榜樣，勇決智斷，彼此尊重人格，自由離婚，止絕痛苦，始兆幸福。

信中隻字未提孩子，未提他在沙士頓撇下我的事，也未提我們的父母希望我們團聚的事。我覺得徐志摩這番話說給我聽的成分，少過說給羣眾或史家聽的成分，他說我們「前途無限」、「彼此有造福人類之心」是什麼意思？我什麼時候表現過這些潛力了？他的信讓我想起了在硤石家中，他走進臥房說，他要成爲中國第一個離婚男子那天晚上的情景。

所以我又打了個電話給吳經熊，告訴他我要跟徐志摩講話，我以爲徐志摩和他在一起。吳經熊說他不會告訴我徐志摩在哪兒，我就說，算了，他只要跟徐志摩講，我明天早上會到他家和徐志摩碰面就好。

我告訴吳經熊：「我要親自見徐志摩一面。」因爲徐志摩竟然在一封信裡向我提出離婚要求！他連親自在我面前提這要求都辦不到。

和吳經熊講完電話，我跑進浴室，因爲我還在流惡露。那天剩下的時間我都躺在床上休息，我想儘量保持體力到第二天見徐志摩的時候。我已經半年沒見他了，我想讓他看看他棄我而去以後，我一直活得很好。

那天晚上七弟到家以後，做了頓簡單的晚飯給我們倆吃，吃飯的時候我們都很沉默。他顧慮太多，不敢問我發生了什麼事，所以我也沒說什麼。當時我還搞不懂我自己。

簽字離婚

第二天，我僱了一輛馬車到吳經熊家。他和別的學生合住在一間離市區很遠的房子，所以馬車慢慢地走著。吳經熊態度尷尬地在門口接我，然後帶我走進一間有扇大窗的大客廳，那窗子可以俯瞰一座小花園，客廳裡到處是書本攤在上面的樂譜架，吳經熊顯然是那樣子讀書的。

後來，我見到了徐志摩。自從他在沙士頓拋下我之後，我已經半年不見他了，他看起來很健康，而且比我記憶裡的他要快活。他有四個朋友也在客廳裡，他們繞著他走來走去，一副要保護他的樣子。我只認得其中兩人，吳經熊和金岳霖。金岳霖本來在美國讀哲學，當時到柏林探望朋友。我先開口，因爲我想表現出很有自制力的樣子，然後對他們每個人發起火來。

我鎮定又冷酷地說：「如果你要離婚，那很容易。」

「我已經告訴我父母了，他們贊成這件事。」他說。

我沒法子相信這句話。他一提到老爺和老太太，我的眼淚就情不自禁湧了出來。他們是怎麼同意徐志摩的？

接著，我想到我自己的父母，於是我對徐志摩說：「你有父母，我也有父母，如果可以的話，讓我先等我父母批准這件事。」

他急躁地搖搖頭說：「不行，不行，你曉得，我沒時間等了，你一定要現在簽字，林徽音……」他停了一下又繼續說，「林徽音要回國了，我非現在離婚不可。」

徐志摩提到林徽音名字的時候，我心想：他何必在信上寫什麼勇氣和理想？他要他的女朋友，所以才這麼情急。今天，人家問起我認不認為徐志摩要求離婚是革命性舉動的時候，我回答「不」，因為他有女朋友在先。如果他打從開始，也就是在他告訴我他要成為中國第一個離婚男人的時候，就和我離婚的話，我會認為他是依自己的信念行事，我才會說徐志摩和我離婚是壯舉。

徐志摩就因為急著得到林徽音，所以不希望我花時間徵得我父母同意。我從小就被教養成善盡孝道的人，如今卻被迫在未徵求父母許可的情況下，辜負我父母要我們夫妻團聚的心願。

徐志摩在我默默思考的時候，一動也不動地面對著我，手上緊握著那些離婚文件。

「那——好吧。」我控制自己的鼻息緩慢沉著地說。當時我的身體因為生產的關係還在疼痛，心理上也覺得吃了敗仗。我同意在文件上簽字唯一的理由是：我在法國就已經打定主意，不再只憑過去的價值觀行事。雖然做出這麼不孝的事情讓我感到痛苦，可是我還是答應徐志摩了。

我對徐志摩說，我願意在未事先徵求我父母許可的情況下簽字。

我說：「如果你認爲離婚這件事做得對，我就簽字。」說完才發覺，我是用服從、而不是用帶著新思想的口氣在說話。

他聽了高興透了，笑容滿面用手把文件伸過來讓我簽字。他不能自已地說：「太好了，太好了。你曉得，我們一定要這麼做，中國一定要擺脫舊習氣，我們非離婚不可。」

他把文件擺在桌上，示意要我簽字。那些文件是用中文寫的，上面說男女兩造已經一致決定終止他們的婚姻，我將獲得五千元贍養費（後來我根本沒拿過這筆錢）。徐志摩已經簽了名，四個證人欄的名字也填好了，就只有我簽名那欄空著。

「好了。」我簽了四次名字以後輕聲說，然後打破室內的沉寂，以我在我們新婚那天沒能用上的那種坦蕩蕩的目光正視他說：「你去給自己找個更好的太太吧！」

徐志摩真是高興，他朋友擠在我們身邊向我們道賀，大家都想握徐志摩的手。他歡天喜地，樂不可支，甚至跟我說了聲謝謝，然後戲劇性頓了一下，又對著我和那四個朋友說（我想他大概也在對全世界說）：「你張幼儀不想離婚，可是不得不離，因爲我們一定要做給別人看，非開離婚先例不可。」

我雖然點著頭，可是我還是沒把握自己做得對不對。這些人都參加過我的婚禮，我離婚的時候他們也站在我身邊，可真是奇怪！

我一簽完離婚文件，徐志摩就想去看我們的孩子。他想知道：「你幹嘛把他留在醫院？」而我心裡只想著：這與你何干？

他愛慕地看著我們的兒子，始終沒問我要怎麼養他，他要怎麼活下去。我們站在醫院育嬰房的窗口，觀看躺在小床裡的嬰兒，徐志摩熱情地把臉貼在窗玻璃上看得神魂顛倒。

我覺得好怪異，好像又脫離了徐志摩，脫離了我們的孩子，甚至脫離了產後的身體疼痛。徐志摩像是沒留意到我是孩子的媽似的讚嘆我們的兒子，沒轉過頭來瞧我一次。那時一位看護過我的護士正好經過，瞧見我和徐志摩在一起，就笑了笑，好像在說，孩子的父親總算能來了。可是我很納悶，我們看起來像不像醫院裡的其他夫婦，像不像那些面露微笑，一起高高興興帶著嬰兒離開的年輕父母。

11 詩人喲！

幼儀的這個人生轉捩點，讓我想起了小時候爸提過的「關鍵時刻」理論。幼儀在她一生當中的某個重要時刻跳脫了絕望與自殺，她本來可以選擇自戕性命，但她選擇了堅忍不屈，我很爲她驕傲。

徐志摩本人也有過類似的覺醒，他在與幼儀分居和離婚後，似乎獲得了解脫。他在〈我所知道的康橋〉這篇散文（一九二四年刊出）中說，他初到劍橋之時，幾乎不曾嘗過劍橋的生活。可是，一九二一年他獨自回到劍橋整整一學年，事後他寫道：

「那時我才有機會接近真正的康橋生活，同時我也慢慢的『發現』了康橋，我不曾知道過更大的愉快。」

他在劍河（Cam River，一稱康河）河畔小憩，與狄更生、佛斯特還有文藝評論家李察斯一起消磨光陰，甚至和他們合組了一個正式的「中英會社」（Anglo-Chinese Society）。一想到徐志摩拋下幼儀之後與這些人結爲兄弟之交，我就深感困擾。當他騎著自行車在劍橋四處閒盪的那段日子，幼儀卻不知他身在何處。

在他早期殘存的詩篇當中，有一首寫於一九二一年十一月二十三日的詩稿（譯注：詩名爲〈草上的露珠兒〉），部分內容如下：

詩人喲！可不是春至人間
還不開放你
創造的噴泉
嗤嗤！吐不盡南山北山的璠瑜，
灑不完東海西海的瓊珠，
融合琴瑟簫笙的音韵，
飲餐星辰日月的光明！
詩人喲！可不是春至人間
還不開放你
創造的噴泉

在將種種痛苦加諸於愛他的每個人身上以後，徐志摩怎麼還能創作出這麼優雅的詩來？我再度問起幼儀是否氣徐志摩，她始終回答：「事情就是這樣嘛！」要不就說：「文人就是這德行。」

我覺得幼儀對文人的觀感（她認爲他們不是活在現實的人），和徐志摩對自己身爲詩人的看法似乎相去不甚遠。他寫道：「詩人們除了作夢，再沒有正當的職業，真詩人是陶醉在夢中，精神翱翔於白雲之上，隨心所欲吟出詩句的人。」

徐志摩那天下午在柏林告訴幼儀，他必須立刻敲定離婚之事，是因爲林徽音要回國了。而我在閱讀林徽音的相關資料時得知，林徽音和他父親在徐志摩離婚的時候已先行回國；他們大概早五個月就離開英國了。那徐志摩告訴幼儀的是什麼鬼話？難道他在騙她嗎？還是他打算一回國就把林徽音追到手？

徐志摩一直拖到一九二二年十月（距他離婚七個月後）才束裝返國，期間他重回劍橋大學改行作詩人。

聽到幼儀說她並不認爲徐志摩和她離婚是項壯舉的時候，我爲她感到驕傲，那表示她真正瞭解這樁離婚事件的意義。

我自己對這件離婚案深惡痛絕。在撰寫幼儀生平故事的過程當中，我對她的經歷十分投入，以致於看到其他一些展現在她面前、使她與過去不可同日而語的機會和選擇。在我的想像中，幼儀的一生披上了一層如真似幻的色彩，他們夫妻爲什麼非離婚不可？如果幼儀和林徽音一樣有學問的話，情況會怎樣？徐志摩會因此愛上幼儀嗎？

依我自己對離婚的研究，二伯祖當初說得沒錯，徐志摩和幼儀很可能是根據《民法草案》

離婚的。《民法草案》說，如果夫妻不合，雙方可同意離婚，但因徐志摩未滿三十歲，幼儀未滿二十五歲，雙方還必須獲得父母同意才得離婚。

既然幼儀並未得到父母首肯，這樁離婚案還合法嗎？雖然我沒找到原始文件，但我覺得他們雙方對這件離婚案的態度，比它的合法性來得意義重大。幼儀並沒有把她始終沒拿到那五千元贍養費這件事掛在心上，她有骨氣地說，她在可以要求離婚贍養費的時候：「沒拿徐家半個子兒」。就這點來說，幼儀的確是靠自己的兩隻腳站起來了。

獨立生活

我一直把我這一生看成有兩個階段：「德國前」和「德國後」。去德國以前，我凡事都怕；去德國以後，我一無所懼。離婚以後，我在德國待了三年，學到當幼稚園老師這一技之長。除了在漢堡住了幾個月之外，我和我兒子，還有一個名叫朵拉（Dora Berger）的德國朋友一直住柏林。一九二五年春天，我回國的時候，已經是個比過去堅強很多、天不怕地不怕的人了。

在德國的日子讓我受惠良多。剛離婚的時候，因爲身邊有個那麼小的小孩，我對自己即將要一個人過日子感到非常緊張，我甚至想過要回硤石和幼子住在那兒。可是我已經對自己許下諾言，要嘗試自己站起來，而提供這種訓練的最佳地點就是歐洲。再說，我是在沒有徵得父母同意的情況下離婚的，這個時候馬上回家，是很莽撞的舉動，也等於藐視自己不孝的事實。我曾經告訴我父母，徐志摩與我分居，是因爲我們求學的志趣不同。所以我心想，過了幾年以後，我父母就會習慣我寡居歐洲這件事，然後我才回去告訴他們實情。

事後證明，我一個人在歐洲度日，是不幸中之大幸，因爲一直到我回國以後，還有人在議論我離婚的事。你能想像嗎？如果不是因爲我在德國變成一個獨立自主的人，我恐怕沒法子忍受大家對我的注意，我會覺得自己好像是離婚的罪魁禍首，擡不起頭來，而不會爲自己熬了過來覺得自豪；更會爲了別人對我議論紛紛而懊惱，而沒辦法不把他們說的話當一回事。我忍受過的最糟的情況是發生在我坐火車的時候，當時我剛好坐在兩個正在談論我的女人對面。

其中一個人說：「張幼儀一定長得很醜，而且思想非常落伍。」

另外一個人附和說：「要不然徐志摩幹嘛離開她？」

這兩個人並不知道我就坐在她們對面，否則她們早就難堪死了。當時我心裡有數，她們講的只是部分事實，所以這件事帶給我的困擾，並不像我在去德國以前可能受到的困擾那麼多。

我是一九二二年在柏林住下的，在這之前的兩年，大柏林地區才剛擴建完成，合併了八個城市、大約五十個鄉村社區，和將近三十個農鎮與村莊。所以，柏林今天才會變成歐陸最大的工業城，商業、銀行、股票交易重鎮，最重要的鐵路轉接站，以及德國第二大內陸港。我到柏林那年，阿育斯（Avus）這條全長十八公里的公路剛剛建好，旅館、咖啡屋、百貨公司和餐館也如雨後春筍般的到處林立。

四年以前，德國才剛脫離第一次世界大戰，國家損失慘重，政體從帝國變成共和。威瑪政府倒臺，造成馬克迅速貶值，早上可以買件毛皮大衣的錢，到了晚上只能買條麵包。當時馬克幣值低得不得了。老爺每個月從國內寄給我相當於二百美金的支票，我就把支票兌換成小面額的美金，只要用一塊錢美金就可以買很多東西。老爺的錢供我付房租、菜錢、學費，還有朵拉（她後來變成我最親密的德國朋友）幫我照顧孩子的費用。

朵拉是個四十出頭、爲人親切、説話輕柔的女人，也是二哥一九一三到一九一五年在柏林大學讀書時期的朋友。朵拉説她願意幫二哥的忙，與我同住，在我初到德國的時候帶我見識見識柏林。

我不曉得要是沒有她幫忙的話，該怎麼辦。她幫我找了個德文老師，而且幫我申請到裴斯塔洛齊學院（Pestalozzi Furberhaus）就讀，這是一所以瑞士教育家裴斯塔洛齊的研究爲基礎的師範學院。我先密集上了幾個月德文才開始上學，所以在入學的時候，可以聽得懂大部分德語。另外，我選擇上幼稚園老師這一級的課，因爲這個課要求的語言能力最低。

每天早上我去上課的時候，朵拉就照顧我的孩子，她愈來愈愛他，視如己出，從他出世以後就把他教養成德國小男孩，所以他只講德文，只吃德國菜。我給他取名叫「彼得」，「得」字是從「德國」的「德」字這個音。我們一直叫他彼得，因爲他是生長在西方的孩子。朵拉每天買完菜以後，就帶著彼得到提爾公園（Tiergarten）散步。我下午下課回到家以後，朵拉總會告訴我彼得那天做了哪些妙事，像是對賣麵包的人笑啦，對猴子打噴嚏啦。

她對彼得疼愛有加，總是陪他玩，告訴他她有多愛他。我們中國人從來不對孩子說愛，反而經常責罵他們，用這種注意孩子的方式來讓他們知道大人對小孩的愛。我喜歡看她晚上給彼得洗澡的樣子，她會拿水潑他，把什麼事情都變成遊戲。

除了我家人以外，朵拉是我第一個真正的朋友，我不曉得爲什麼我後來失去她的音訊了。雖然我想寫信給她，可是用德文寫東西對我來說太難了，我只會講流利的德語，不會寫德文。

我們租的是提爾公園北邊一棟大宅的三個房間，房東是個上了年紀的寡婦。客廳保留給房東用，朵拉、彼得和我住在和玄關有段距離的三個房間。我們和房東共用洗手間，還有一個有自來水和熱水器的澡缸。我們把食物存在自己的房裡，不過常在廚房裡煮東西，吃東西，偶爾會和房東一起在公共飯廳用膳。

和朵拉一起住對我有好處，因爲我覺得一個隻身拖著孩子去找房子的中國女人，說不定會吃閉門羹。我們搬過幾次家，因爲朵拉對住非常挑剔，要是有東西不乾不淨，或是房東對她的中國房客和小孩有怨言的話，朵拉就不願意忍受，結果是我們搬家了事。

我們在柏林大概住過三、四個不同的公寓，而且在每個房東面前編過不一樣的故事，比方說彼得的爸爸死了，我在德國工作期間他爸爸正在英國完成學業。我們甚至對其中一個房東說了實話，告訴她我離了婚，可是她用懷疑的眼光看著我，好像我是個犯人似的，那態度讓我很不舒服。起先我德文講得不好，所以不得不忍受那些老女人在朵拉面前說我長短。她們老是擔心我付不起房租，我們就說我家很有錢，會供養我們兩人，要不就說中國政府定期提供我大筆獎學金，所以錢不是問題。只要我們提前或是在當月頭一天付了房租，那些老女人就不再發牢騷了。

朵拉來自維也納，雖然年逾不惑，可是一直沒結婚，我在德國看過不少那樣的女人。她以前的事情，我從不過問太多，因爲覺得與我無關。不過，有一次她告訴了我她的身世，她一直在等一個青梅竹馬的情人，可是他到外地做生意的時候，把她遺棄在家鄉，後來娶了另外一個女人，一直等到很多年後，她老得嫁不掉時才告訴她。

彼得是個漂亮的小孩，有大大的眼睛、黑黑柔柔的頭髮。我們帶彼得一起出去散步的時候，總有人過來和彼得講講話。他最喜歡各式各樣的音樂，只有京戲除外，我一拿留聲機放京戲聽，他就用兩隻手把耳朵摀起來，可是朵拉放貝多芬和華格納的音樂，他就心滿意足，甚至想用我買給他的一根真的指揮棒來指揮。彼得哭鬧的時候，我一打開留聲機，他就馬上停止哭鬧專心聽。我們家附近住了個鋼琴家，他練琴的時候都開著窗子，要是朵拉帶彼得出去散步回來得晚了，我曉得他們大概是在鋼琴家的家門口逗留得太久了。

我全部的時間都是和朵拉、彼得一起過，因爲我覺得柏林其他中國人都太有學問了。有一、兩次我試著和這些人一起去聽歌劇或到文湖（Wannsee）泛舟，可是我不屬於他們那羣人。我懂的事情不夠多，所以不能和他們討論政治和文學。有時候我覺得他們之所以找我，是因爲我和徐志摩離婚的關係。

有一次，有人介紹我認識一位女士，她開口就說：「噢，你就是張幼儀啊。」如果我還是徐志摩的太太，她就會完全不把我放在眼裡，因爲我不如徐志摩有學問。現在因爲我離了婚，我也成了新潮的人。

我和這些中國人不一樣。他們在西方可以表現得狂放不羈，可是回家以後又過著從前那種日子。而我因爲離了婚，所以我不曉得回國以後要住哪兒，要怎麼生活。我在德國的時候，老爺之所以資助我，是因爲我在照顧徐家的子嗣。可是我回國以後，會是什麼情況呢？我得把彼得交給徐家，自己一個人過日子嗎？要是我想和我兩個兒子住一起的話，徐家二老在徐志摩和我離婚的情況下，還會把我當徐志摩的太太嗎？

有人求婚

柏林所有的中國人當中，有個人待我特別好，他叫盧家仁（譯音），有一雙好大的手，手上面毛絨絨的像隻熊。他每個星期都來看我好幾回，不是和我一起坐坐，就是陪彼得玩玩。以前我從沒有和男人坐得這麼近過，可是我猜想他是來看彼得的。當時朵拉和我租了一個住宅的三個房間，盧家仁來的時候，彼得就和我們一起待在起居室，其他客人來的時候，我就叫彼得到別的房間和朵拉玩。

有一天我們坐著喝茶，彼得在鋪在地板上的一塊毯子上玩耍的時候，盧家仁問我：「你打不打算再結婚？」

雖然我當時還很年輕，大概才二十三歲，可是四哥寫信告訴過我，爲了留住張家的顏面，我在未來五年內，都不能教別人看到我和某一個男人同進同出，要不然別人會以爲徐志摩和我離婚是因爲我不守婦道。

而且我明白我在家鄉還有個兒子，我一直沒教過他，在我善盡作母親的責任以前，我不可以嫁進另外一個家庭。

所以，我沒敢把盧家仁那句語氣溫柔的話聽進耳裡，於是我看著我的茶杯輕聲說：「不，我沒這個打算。」

盧家仁聽完過了一會兒就走了，從此再也沒按時來看過我。

我沒辦法相信有人會愛上我，而且對盧家仁問起我結婚打算這件事感到彆扭，我從沒說過任何鼓勵他問我這種事情的話。也許我當初根本不該讓他來看我的，難道他一直在追求我嗎？那就是「自由戀愛」進行的方式嗎？他愛不愛我呢？也許他只是想出出風頭，才企圖娶我？

我在裴斯塔洛齊學院讀的幼稚園老師培訓班大概有十五個女生，因爲我要和這些女生長時間一起上課，而且不希望老是得絞盡腦汁編謊話，所以如果她們問起來的話，我就告訴她們我離婚了。她們聽了，態度都非常友善，從沒說過任何難聽的話。她們大都沒結過婚，所以一發現我要單獨照顧一個幼子，對我就更友善了。每天下午四點喝咖啡的時間一到，她們總會過來坐到我旁邊問候我。

裴斯塔洛齊是一位瑞士教育改革家，他信奉的是一種和我幾個兄弟所學的儒家教育截然不同的教育方式。他認爲每個孩子的個性都應該受到尊重，而且兒童是藉著以愛心和瞭解爲基礎的訓練來學習，而不是依靠死記來學習。所以裴斯塔洛齊學派的老師，要鼓勵兒童透過本身的感覺經驗來吸收知識，然後根據兒童本身的經驗和觀察來教導他。

我在班上表現很好，做起玩具或是剪起紙型來，手指比其他多數女生要靈巧。有一天，我們正學著用火柴盒做玩具車的時候，老師在教室喊我名字，示意我到教室前面，然後把他的火柴盒塞進我手裡說：「喏，我不在的時候，你來教她們做。」

這段時期，我按時與老爺和老太太通信，以這種方式得知徐志摩的消息。一九二三年四月，徐志摩和二哥聯合邀請獲得諾貝爾獎榮銜的印度詩人兼神祕主義者和老師的泰戈爾訪華。他遊華的兩個星期，都由徐志摩和林徽音陪同，做他的翻譯。國內大小報紙也刊登了他們的照片，形容他們好比歲寒三友：林徽音是「梅」，徐志摩是「竹」，留著長鬍、穿著長袍的泰戈爾是「松」。

聽到從國內來的這種消息，再加上心裡明白自己也可以待在國內，我覺得怪怪的。

「回來吧，你怎麼不回來？」老太太在信裡頭這麼寫，好像啥事也沒發生似的。

雖然我丈夫不要我，可是我公婆要。我覺得我不能回去，就告訴他們：「我是離了婚的人。」

「可是你還是我們的媳婦，我們收你當乾女兒。」老太太總是這樣對我說。

這時候我才弄明白徐志摩提議我做徐家媳婦，不做他太太的意思。就老爺和老太太這方面來說，我還是他們爲兒子挑選的那個女子。我盡心侍奉過他們，又給他們生了兩個孫子；我已經做了我該做的一切。徐志摩公然違抗他們的安排這件事，讓他們震驚、憤怒、難堪又傷心。可是我沒辦法跟他們解釋徐志摩的居心，也說不清楚我並沒有抛下他們。

最後我說：「我不能回去，我會覺得彆扭。」

彼得之死

彼得滿週歲以後不久就開始發病，他腹瀉得厲害，呼吸也困難。朵拉和我帶他去看人家推薦的海斯醫生（Doctor Hess），起先他查不出彼得的毛病，可是彼得還是生病，所以我們繼續帶他去做檢查。

一九二三年的春天，彼得一歲半，海斯醫生和其他大夫發現他小腸裡有條寄生蟲，他們說彼得是從不新鮮的牛奶裡吸收這條蟲的，牠的位置正好在腸子和皮膚中間，所以沒辦法抓出來。海斯醫生建議我們去瑞士一家醫院就診，可是他告訴我醫藥費十分昂貴，而且不敢保證一定醫得好。

中國人認爲腸子是憐憫之心和感情所在的部位，所以像彼得這麼小的孩子在這地方染上疾病是很悲哀的事。可能是因爲我沒餵他吃母奶，他才生病的，這點我沒把握。於是我寫信給老爺和老太太，把醫生的診斷告訴他們，請求他們幫忙我做決定。老爺和老太太回信說他們也無可奈何；他們的錢不夠送彼得到瑞士醫病。我公婆是非常有錢的人，所以我始終不明白這件事。說不定老爺在軍閥割據中國的情況下賠了錢，這我不得而知。只要他們見過彼得，說不定事情會有轉機；而他是我的孩子，是一個在世的時候從沒見過中國的西方孩子。

到了一九二三年的秋天，彼得白天晚上都睡不安寧，看到自己的孩子這麼痛苦，真把我嚇壞了。他不用力就沒辦法呼吸，爲了安撫他，我們放留聲機給他聽，一直放到同樣的曲子在我耳邊迴盪不已，鄰居也來抱怨太吵了爲止。他先是吃不下肉，然後吃不下麵包，到後來連湯也喝不下了，隨著日子一天天過去，他肚子愈來愈大，愈來愈腫，身體其他部分卻愈來愈瘦。

有天晚上，我聽到他尖叫的聲音醒了過來。我以爲他作惡夢，就衝到他床邊，發現他清醒得很。他緊抓著肚皮用德文對我說：「媽咪，彼得痛痛。」

我們趕緊把他送到兒童醫院，由原先診斷出病因的海斯醫生負責照料彼得。後來彼得死於一九二五年的三月十九日，距離他三歲生日不到一個月。雖然朵拉和我在他大半生中已經知道他難逃一死，可是當事情終於發生的時候，還是感到震驚。我們差點沒辦法哭，沒辦法動，也沒辦法做事情。

我們把彼得火化以後，給他舉行了一場喪禮，大約有三十個人來參加，來者有盧家仁、二哥的幾個朋友、我同班的一些女生，甚至還有一個朵拉和我經常在公園看到的女士，他們是怎麼聽到彼得的死耗，我不得而知。

朵拉和我把骨灰罈子留在殯儀館。在我搬到漢堡完成裴斯塔洛齊學院下一階段的學業以後，我重回柏林取回骨灰罈子，再帶著罈子和我一起回硤石。

喪禮之後有天晚上，我從黑暗中醒來，因爲我聽見朵拉在另外一個房間，躲在枕頭下面哭的聲音，當時我才發覺她愛彼得之深與我不相上下，我們三人始終是一家人。

朵拉因爲再沒小孩要照顧了，就回維也納娘家。我們分手以後，我沒再和她說過話，甚至沒寫過信給她。雖然我德語講得流利順口，可是德文寫得不好，不足以表達我的感受。不過我收過一封她寫來的信，信裡是一張簡短的便條和一張她家書桌的照片。起先我覺得她寄給我這麼張照片好奇怪，後來才看到她在其他紀念品當中最顯眼的位置，掛著一張彼得的大照片，由此可見朵拉有多愛他。

若干年後，我已經回到國內，才聽説朵拉去世的噩耗。她身心俱裂，染上肺炎，從此沒有康復。所以我在德國的那個小家庭只維持了短短的一段時間。

徐志摩在一九二五年三月二十六日抵達柏林，離彼得過世的日子正好一星期。自從離婚以後，我就沒見過他，這時候見面，大概已經事隔三年。他神采奕奕，而死了彼得的我，顯得瘦小又虛弱。他一九二二年十月就回國了，後來出了一本詩集，擔任過泰戈爾的翻譯，晚近又主編著名刊物《晨報》的副刊。

當然啦，看到徐志摩，我吃了一驚。他說老太太非常擔心我在彼得死後的情況，所以催他來看我。我帶他到殯儀館的時候，他緊抓著彼得的骨灰罈子掉眼淚。

我是根據中國習俗要求將彼得遺體在死後三天火化的，我要是早知道徐志摩會這麼快就趕到的話，說不定會等到他瞻仰過遺體再說。

12 感傷之旅

徐志摩在離婚數月後返國，並出版了第一本詩集《志摩的詩》。這本詩集立即獲得了好評，大家高呼他是一九二五年最有前途的詩人。他也負責在散文和詩作中引介西方詩律。

他對待幼儀的態度，引起他老師梁啓超的注意。梁啓超於一九二三年元月寫了封長信給徐志摩，信上說：

吾昔以為吾弟與夫人（此名或不當，但吾頗姑用之）實有不能相處者存，故不忍復置一詞。今聞弟歸後尚通信不絕，且屢屢稱譽，然則何故有疇昔之舉，實神祕不可思議矣。

看到梁啓超責備徐志摩帶給幼儀、徐張兩家父母，還有他兩個兒子痛苦的信，我多多少少覺得心有戚戚焉。

「人類恃有同情心，以自貴於萬物。萬不容以他人之苦痛，易自己之快樂。」梁啓超又寫道。

林徽音後來許配給梁啓超的兒子梁思成。梁啓超幾乎像愛自己的兒子一樣愛徐志摩，徐志摩想娶的，卻是梁啓超爲他自己的兒子相中的女人。

至於徐志摩這方面，我的確相信他是爲理想而不只是爲林徽音離婚的，他在答覆梁啓超的信上說：

我之甘冒世之不韙，竭全力以鬥者，非特求免凶慘之苦痛，實求良心之安頓，求人格之確立，求靈魂之救度耳。

人誰不求庸德？人誰不安現成？人誰不畏艱險？然且有突圍而出者，夫豈得已而然哉？我將於茫茫人海中訪我唯一靈魂之伴侶；得之，我幸；不得，我命，如此而已。

噫夫吾師！我嘗奮我靈魂之精髓，以擬成一理想之明珠，涵之以熱，滿心之血，朗照我深奧之靈府。

徐志摩當年一心想追求林徽音，才回到中國。

我曾和一位與林徽音有私交的女士談過，她就是哈佛大學中國通費正清（John Fairbank）的夫人薇瑪（Wilma Fairbank）。費太太說，她認爲徐志摩和林徽音之間存在的是一種浪漫而非性關係，也就是一種偏向文學性質的關係，她還說，每當林徽音談起徐志摩，費太太又說，林徽音雖愛徐志摩，卻不能嫁給他，因爲她本身是她父親娶的大妾唯一的女兒，而她父親偏愛給他生了個兒子的二妾，所以林徽音無法想像，自己會捲入有個女人爲了她而被拋棄的關係之中。雖然我把林徽音這方面的背景告訴了幼儀，但她還是把離婚的罪過推到林徽音身上。她說，如果徐志摩連看部電影都沒辦法做決定的話，他怎麼會有辦法做離婚決定呢？

我曾把徐志摩爲追念彼得所寫的一篇散文〈我的彼得〉讀給幼儀聽：

彼得，可愛的小彼得……我的話你是永遠聽不著了，但我想借這悼念你的機會，稍稍疏洩我的情愫。在這不自然的世界上，與我境遇相似或更不如的當不在少數，因此我想說的話或許還有人聽，或許有人同情。就是你媽，彼得，她也何嘗有一天接近過快樂與幸福，但她在她同樣不幸的境遇中證明她的智斷，她的忍耐，尤其是她的勇敢與膽量；所以……我敢說，她最有資格詮釋我的情感的真際。

彼得，我說我要借這機會稍稍爬梳我年來的鬱積；但那也不見得容易；要說的話彷彿就在口邊，但你要它們的時候，它們又不在口邊：像是長在大塊岩石底下的嫩草，你得有力量翻起那岩石才能把它不傷損的連根起出——誰知道那根有多長？是恨，是怨，是懺悔，是悵惘？許是恨，許是怨，許是懺悔，許是悵惘。

荊棘刺入了行路人的脛踝，他才知道這路的難走；但為什麼有荊棘？是它們自己長著，還是有人成心種著的？也許是你自己種下的？至少你不能完全抱怨荊棘，一則因為這道是你自願才來走的，再則因為那刺傷是你自己的腳踏上了荊棘的結果，不是荊棘自動來刺你……你來人間真是短期的作客，你知道的是慈母的愛，陽光的和暖與花草的美麗，你離開了媽的懷抱，你回到了天父的懷抱，我想他聽你欣欣的回報這番作客……你的小腳踝上不曾碰著過無情的荊棘，你穿來的白衣不曾沾著一斑的泥污。

讀這篇悼文之時，我不得不對徐志摩個性之複雜產生感觸。爲什麼徐志摩對彼得之死有如此切身之感？他只是想讓別人覺得他是個好父親，還是有更多寓意？他是否爲他當初要幼儀打掉孩子而產生罪惡感？我覺得他的口氣似乎對離婚有悔意，也許正因爲這樣，他才開始欣賞幼儀。

然而，我無法相信徐志摩只見過這孩子一次，就敢於寫下一篇文字悼念他。

幼儀仔細聽完這篇文章以後說：「嗯，他寫這篇文章的口氣，倒像是個非常關心家庭又有責任感的人。」

「可是啊，」她繼續說，「從他的行爲來判斷，我不覺得他擔心我們的錢夠不夠花，還是我們要怎麼過活這些事情。你曉得，文人就是這德行。」

徐志摩與陸小曼

彼得死後，徐志摩和我一起去了趟義大利。他要我去，我也覺得彼得死後，我需要離開柏林休息一陣子。打從離開中國以後，我已經有四年沒度過假了。在中國，我要服喪四十九天，而在歐洲，去旅行一趟或是設法把這件事忘掉，好像比較適合我。

徐志摩和我一道旅行奇怪嗎?呃，我可沒打算在旅館裡面和他同房，或是坐在休息大廳裡等他，我們的情況和當年我們還維持夫妻關係，住在倫敦的時候不一樣了。這次我們又跟以前一樣，和徐志摩的兩位英國朋友同行，她們是泰勒（Taylor）姊妹，兩姊妹與我用基本法文溝通（我那時還是不會講英文），而且我白天通常都和她們在一起，徐志摩單槍匹馬四處觀光去了。

每天早上吃早飯的時候，徐志摩都在焦慮地等待由他朋友胡適從中國寄來的信或拍來的電報。他那種坐立不安的態度，讓我想起他在沙士頓的舉動。過了幾個月後，我曉得我猜得八九不離十，徐志摩又戀愛了。這次的對象是北平一個名叫陸小曼的交際花，他唯一的問題在於她是有夫之婦，丈夫是哈爾濱警察廳廳長，他發現了他們的戀情，揚言說要殺徐志摩。

所以，每天早上吃早飯的時候，徐志摩都會收到告訴他什麼時候可以安全回國的信件。

有天早上，徐志摩終於在看完一封信以後擡起頭看著我說：「太好了，我們現在可以離開了。」胡適致函徐志摩，告訴他可以安全回家了，陸小曼的丈夫已經改變主意，決定不殺徐志摩，而答應與陸小曼離婚。

我回到德國以後，聽說了更多事情，而且把過去這些年發生的事情都一一給湊了起來。徐志摩是一九二四年夏天在北平邂逅陸小曼的，她是個雙十年華的大美人，在社交場合極受歡迎。比方說，如果她沒去參加某個宴會的話，大家都會表示失望。陸小曼的父親是政府官員，她兼通英、法語，能文善畫，能歌善舞，一九二〇年經由父母安排，嫁給了王賡這位普林斯頓大學和西點軍校畢業，能說流利英、法、德語的英俊男士。

這對年輕夫婦原先是住北平，經由熟人介紹認識徐志摩。王賡接受哈爾濱警察廳廳長這職位的時候，陸小曼不想離開北平，所以王賡就把她留在娘家，請徐志摩陪她參加各種活動。有人說，徐志摩和陸小曼友誼的花朵就是在這段時間綻放的。也有人講，徐志摩是在與陸小曼同臺表演一場慈善義演時認識她的，徐志摩飾老學究，陸小曼扮俏丫環（譯注：演的是《春香鬧學》）。戲終人散後，兩人就理所當然地種下愛苗了。

徐志摩與我同遊義大利的時候，想必是在進行一次「感傷之旅」，目的在考驗他和陸小曼之間的愛情。他避了五個月的風頭，一直到八月才回國。這個時候，我已經遷離柏林，定居漢堡，爲的是完成下一階段的學業。

我對漢堡的認識不及柏林。當時朵拉走了，彼得走了，甚至二哥也離開耶拿大學回國去了。我在德國舉目無親，有時候覺得徐家人好像把我給忘了，因爲他們的注意力被徐志摩和陸小曼分散掉了。於是，老爺和老太太按月寄來的支票開始延誤，而且寄到的時間不定，可是我需要錢付房租、伙食錢，還有每天從港口到學校的交通費。有一回，支票來得太晚了，我就把剩下的錢和食物（一袋馬鈴薯）各分成十堆。

我告訴自己：「支票十天以內就會到了。」幸好果真如此。

不過，彼得死後，我心情非常鬱悶。我開始覺得，我完不完成裴斯塔洛齊學院的學業都無關緊要了。彼得走了，我沒辦法教育他，而我又已經錯過阿歡最初成長的那幾年。我有個肯定的感覺：以我所學，我可以在國內找到一份教職供養自己，後來也的確如此。

一九二六年春天，我又開始接到徐志摩和徐家二老的來信。雖然王賡和陸小曼已經完成離婚手續，可是陸小曼她母親在確定徐志摩和我離了婚以前，不讓她嫁給徐志摩，她不希望陸小曼屈居小太太的地位。老爺和老太太在得到我本人同意以前，也不讓徐志摩娶陸小曼進門。徐家二老和徐志摩都希望我馬上回國，我成了局內人之一。

應老爺和老太太之請回國，給了我面子。我一直擔心他們會爲了彼得的死怪罪我，可是他們私底下要我回去，表示他們還尊敬我。我回去是幫老爺和老太太的忙，我不能讓徐家二老以爲，我在徐志摩跟著陸小曼團團轉的時候，不顧徐家的名節。我想幫他們把事情安排妥當。

如果我在徐志摩和陸小曼的戀愛醜聞鬧得最厲害的時候回去，就等於擺明了我當初是心甘情願同意離婚的，還有，我是個沒辦法靠自己生存的鄉下土包子。

我幾個兄弟向來都是在適當時機正巧出現在我面前，這次是你爺爺，也就是我八弟，適時出現在我家門口。

八弟小我兩歲，他很崇拜徐志摩，過去五年一直在克拉克大學和哥倫比亞大學讀書，這兩所大學正是徐志摩讀過的學校。這會兒，他提議我比照徐志摩剛回歐洲時的作法，取道西伯利亞大鐵道回國。

回到上海

我是在一九二六年夏天回到上海的，距我去國已經有五個寒暑了。回到我一生當中頭二十個年頭所熟知的都市，是什麼感覺啊！第一個衝著我來的是獨特又熟悉的上海味道，那是一種揉合了香料、香水、水溝、垃圾和人的味道。我一直覺得柏林擁擠，可是回來以後，發覺上海才真的到處是人。我離開的時候，大多數上海人都穿中國袍子，現在好多人都改穿西服了：先生們頭髮往後梳得油油亮亮，穿著西裝和尖頭皮鞋；小姐們留著鬈鬈的短髮，上身穿著薄紗白襯衫，裡面的緊身胸罩看得一清二楚，下身穿著及膝短裙，腿上包著肉色絲襪，腳上踏著高跟鞋，這和以前真是不一樣啊！

我出國那些年，張家又名正言順從南翔搬回上海。大姊在我還待在德國的時候，嫁給一個有錢的地主，這時候住在法國租界裡一條寬闊的三線大道上，三妹也嫁給一個布匹商人，只有小我十二歲、後來成了服裝設計師的四妹（當時十三歲）還在家裡，她把我往後一推，站在一隻胳臂長的距離打量我，然後取笑我說：「你穿得不像城裡其他『摩登』小姐嘛。」

「摩登」是英文「modern」的新譯名。此言不虛，我頭一次回去看我父母的時候，挑了最樸素的中式衣裳穿，我不想讓他們覺得我變了太多。

媽媽一見我就哭，她毫不掩飾地急忙拿兩隻胳臂摟著我，爸爸也好像高興得不知如何是好。他們的幾個兒子都到國外留過學，可是從沒有一個女兒出過國。

我當初是爲了與丈夫團聚才出國，後來卻形單影隻地歸國，而且從沒直接告訴過我父母我離婚的事，只從德國寫信說我讀了五年的書。我肯定徐志摩一九二二年獨自回國的時候，他們就曉得他和我離婚了。我也猜到我父母如果不是從別人那兒，就是由老太太口裡，聽到了徐志摩和陸小曼在一起的閒話。

當我父母把我當個寶貝娃娃似的疼惜地撫摸我的頭髮和皮膚的時候，我差點覺得罪過，因爲我當初沒有取得他們的同意就離婚，卻逃過他們的指責。所以我隨時等著他們開口數落我，可是他們沒這麼做。

其實，我好像才是怪罪他們這麼爲我操心的人，我帶著一種奇怪的母性口吻摟著媽媽說：「好啦，別哭了，只要我快活就好了，這才是最重要的嘛！」

我從娘家去見老爺和老太太，他們住在上海一家旅館裡。走進起居間的時候，我深深一鞠躬，向他們問好，然後對徐志摩點了一下頭，他坐在起居間那一頭的一張沙發上。我注意到他手指上戴了隻大玉戒，色澤是我這輩子見過最綠的，這種翠玉叫做「勒馬玉」，據說古時候有個太子曾用他的玉戒，指著一匹對著他猛衝的馬而救了自己一命，那匹馬一看到那鮮綠的顏色，以爲是草，就立刻低下頭來盯著瞧。

「你和我兒子離婚是真的嗎？」老爺打破叫人緊張的沉默氣氛慢條斯理說。

當然啦，老爺和老太太早知道這回事了，可是不管離婚文件寫什麼或是徐志摩告訴他們什麼，他們都要親耳聽我承認。

「是啊。」我儘量用平和中庸的語氣說。

徐志摩這時發出一種呻吟的聲音，身子在椅子裡往前一欠。老爺顯出一副迷惑的樣子，聽了我的回答，他差點難過起來。

老爺問我：「那你反不反對他同陸小曼結婚？」我注意到他用的是「結婚」而不是「納妾」這字眼，可見他已經相信我說的話了。

我搖搖頭說：「不反對。」老爺把頭一撇，一副對我失望的樣子。從他的反應來判斷，我猜他一直把我當作說服徐志摩痛改前非的最後一線希望。

徐志摩高興得從椅子上跳起來尖叫，樂不可支，忙不迭地伸出手臂，好像在擁抱世界似的，沒想到玉戒從開著的窗子飛了出去。徐志摩的表情一下子變得驚恐萬狀，那是陸小曼送他的訂婚戒指。

我們全都看著樓下的院子，可是他找不到戒指。他在我同意他結婚這個節骨眼上，會把戒指給弄丟，可真是怪事！我覺得這好像是陸小曼將來會發生什麼事情的一個預兆。

再見阿歡

幾天以後，為了看看我兒子阿歡，我和徐家二老一起坐著火車到硤石。我期待見阿歡的程度，不下於思念彼得的程度，我是多麼常想著要在這趟旅途中帶著他回家見他哥哥。我把阿歡留在家鄉的時候，他大概和彼得差不多大。我在德國那些年，經常看到他的照片，所以我相信我認得出他來，可是他認得出我嗎？

「這是你媽。」老太太一邊把阿歡推過來我這裡一邊說。

我用好奇的眼光盯著他，他已經長成一個酷似徐志摩的小少爺了，皮膚之潔白，骨架之纖細，都和徐志摩如出一轍。他和彼得真不一樣，彼得好壯哦。

我聽他唸書之後，稱讚他對書本和求知有顯著的興趣。他從四歲起就跟著一位先生讀書了，而且看起來很有天分的樣子。

我在硤石待了一、兩個星期，不過沒有睡在以前我和徐志摩同睡的房間，我要求公婆讓我住老宅，他們以前常把客人安頓在那兒。早上我起床以後，就叫了頂轎子去鎮上逛逛，結果覺得要不是物換星移，就是我自己變了，因爲當我獨自一人出現在街上的時候，鎮上只有幾個人露出驚訝的表情。他們看到的不過是個女人罷了，比起看到徐志摩的元配夫人，他們比較不那麼震驚，我畢竟已經離開五年了。

我因爲好奇，就到老爺名下的一些地方瞧瞧，然後開始物色一個可以讓我辦所小學校和教書的地點。因爲我公婆非常疼愛阿歡，我不希望拆散他們，所以我考慮和阿歡住在徐家附近，同時在硤石的學校任教。結果我找到一棟我認爲很適合做學校的房子。

可是，有一天，我趁徐家二老和佣人都沒瞧見的時候，打開阿歡的嘴巴看他牙齒，發現大部分牙齒都蛀壞了，原來老爺和老太太老給他糖吃，難怪他每天老要廚師做同樣的菜給他吃，像是獅子頭和回鍋肉這些軟糊糊的肉。

我一整個星期都不聲不響，爲了要如何嚴格管教阿歡與公婆交戰，我明白我不能搬回硤石，而且希望照著我喜歡的方式教養我兒子，尤其是在徐家二老過去兼了幾年阿歡的父母以後。我決定到另外一個城市教養他會比較好，再說，當時全國正被各省不同的軍閥所把持，鄉下地方經常有小規模的戰事，所以我覺得我兒子待在別處比較安全。

於是，我告訴公婆，我想帶阿歡到北平繼續受教育。起初他們不肯，可是我堅持說在政局不安的這段日子裡，到大城對阿歡來說較安全，才終於說服他們。

我離開硤石以前，老爺坐下來決定平分他的財產，三分之一給徐志摩和陸小曼，三分之一給我和我兒子，另外三分之一給他和老太太。這下子，我每個月的所得不是二百元，而是三百元了。

到北平去

我用每個月從徐家收到的三百元生活費在北平租下一間房子，然後請八弟和四妹來與我同住。徐志摩當時也住北平，在北京大學教書，而且正在籌備他和陸小曼的婚禮。

我給阿歡找了家名聲一流的學校，而且嚴格督導他的飲食和功課。八弟有時候會糾正阿歡的書法，要他注意字的「骨」「氣」。八弟還參加了一個成員包括徐志摩和胡適在內的社交兼文學性質的社團，名叫「新月社」。據八弟講，這個社團的目的之一是在創作一種以白話文寫成的詩，而且是依現代西方文學而非傳統中國文學的標準來寫。

徐志摩打算十月初在北平北海花園和陸小曼完婚，婚禮舉行前一星期，徐志摩來我們家邀請八弟參加。他也邀請我去，可是我不想聽，我幹嘛要參加他們的婚禮？

我對陸小曼並沒有敵意，她和徐志摩之間發生什麼事，是他們的事，因爲我已經和他離婚了。陸小曼晚我三年離婚，那個時候中國已經變得很不一樣了，爲了自由戀愛離婚成了時髦風氣。她能夠和她丈夫離婚，改嫁徐志摩，我爲她高興，可是她離婚的情況與我不同，因爲她有愛情在先，才去投靠別人，而我只能自己靠自己。

徐志摩和陸小曼婚後大概過了一個月，我收到老爺和老太太從天津拍來的一封電報。我很訝異這對老人家竟然離我這麼近，我還以爲他們在硤石呢。

電報說：「請攜一傭來我們旅館見。」

我到天津以後，看到老爺和老太太非常煩惱的樣子，以前我從沒看過他們這樣，可見徐志摩和陸小曼已經去硤石探望他們了，他們發覺陸小曼不討他們喜歡，就臨陣脫逃來找我。

「陸小曼剛來看我們，」老太太想起他們見面的情形，怒髮衝冠開口說，「可是她竟然要求坐紅轎子！」這種轎子需要六個轎夫扛，而不是兩個人擡的普通轎子，而且一個女人一生只坐一次。

「還有啊，」老太太繼續說，她話講得太快，聲音都發起抖來了，「吃晚飯的時候，她才吃半碗飯，就可憐兮兮地說：『志摩，幫我把這碗飯吃完吧。』」

我想，連七歲的阿歡都知道把飯吃完是種禮貌。米是中國的主食，無論什麼階段、什麼型態都受重視，包括：稻田、穀子、糯米、稻穗、去殼的米和煮熟的飯。爲了對播種、耕作、收割和打穀的農夫表示尊敬，每個人的碗底連一粒飯都不應該剩下。

老太太說：「那飯還是涼的，志摩吃了說不定會生病哪。」

「現在，你聽聽陸小曼下面說什麼，」老爺也說話了，「吃完飯，我們正準備上樓休息的時候，陸小曼轉過身子又可憐兮兮地對志摩說：『志摩，抱我上樓。』」

我一直覺得把女人抱過門檻這種西方才有的風俗很特別，可是硤石家裡的樓梯特別長，大概有五十級。

「你有沒有聽過這麼懶的事情？」老太太差不多是尖叫著對我說，「這是個成年女子耶，她竟然要我兒子抱她，她的腳連纏都沒纏過哪。」

「那天晚上，老爺跟我講：『我要坐下班火車離開這裡，你打理打理箱子，告訴佣人一聲，弄好了再與我碰頭。』」

「所以，我們就到北方來找你啦，你是我們的乾女兒嘛。」老太太的話到此打住。

老爺和老太太害我處於一個多麼彆扭的地位啊！我知道徐志摩一定會惱羞成怒。結果我猜得滿準，因爲我把徐家二老從天津帶到北平家中時，就接到徐志摩打來的電話。

他問我：「妳寫信給他們，要他們去找妳。是不是？」

我說：「不對，我何必這麼做？」

徐志摩說：「這教陸小曼沒面子啊！」

我並沒有叫徐家二老來，他們只不過是不瞭解陸小曼的新作風罷了。徐家二老十一月搬來，和我住在附近，還差幾天就是長達三個月的農曆春節了。我們一起共度佳節，彷彿又回到了從前。阿歡收到好多禮物，老爺和老太太甚至還記得我生日是那個月的二十九號。這段日子我試著不去擔心單獨留在硤石的徐志摩和陸小曼。

父母雙逝

徐家二老來北平住了幾個月以後，又回硤石了，因爲就在新年過後，我收到一封電報，上面說媽媽病重。

我立刻帶著公婆前往上海，他們先待在一家旅館，再回硤石，那時徐志摩和陸小曼還住在那兒。

我抵達家門不到十天，媽媽就去世了，享年六十三歲。我所有的兄弟姊妹都圍在床邊，爲失去媽媽哀傷，喪事由我一手包辦。

我在媽媽嚥下最後一口氣以前，在她嘴裡放了個布包，裡面裝著一顆珍珠，一粒紅寶石，一塊玉石、金子和銀子，這是給將來讓媽媽進入冥府的龍吃的東西。

然後我叫佣人替媽媽淨身，再給她穿上七層七彩壽衣，頭四層有長褲，分別是白絲衣、淺藍絲衣、深藍棉衣和暗藍絲襖，第五層和第六層是兩件白色長袍，第七層是繡著金線銀線的白絲禮服。我叫佣人在禮服下襬四角和每隻鞋上縫顆珍珠，這些珍珠是領著媽媽進入來世的明燈。

第二天，幾個和尚來接引媽媽的遺體，遺體放在一塊木頭上，他們把它挪到一口棺材裡，再把沒有封蓋的棺材擺在屋裡一百多天，屋裡充滿了誦經的聲音。

我母親過世後，我父親說，人生好像沒有什麼樂趣可言了。他們從父親出世以後就互訂終身，而且一起過了很長一段幸福的日子。母親走了，教父親怎麼過活？所以她死後百日，他也傷心而亡。

我和兄弟姊妹覺得好像被遺棄在世上似的，你爺爺對我說：「現在，世界上再也沒人會責罵我們，會教我們明辨是非了。」

徐志摩沒有出席任何一場我父母的大殮儀式，我並不指望他為了我的情面到場，卻希望他能看在我兄弟的面子上露臉，可是我兄弟並沒有因為徐志摩缺席而覺得受辱。我在沙士頓的時候，二哥曾經寫信告訴我，他覺得我們離婚的消息就像我們的父母辭世一樣讓他難過。二哥愛徐志摩的程度，不亞於愛我們的父母，他當然會寬恕徐志摩沒去參加喪禮。

13 尷尬地位

雖然幼儀沒向我承認，但我猜想徐家這麼需要她，讓她以這麼重要的地位回國，使她有受寵若驚之感。她對陸小曼的態度，似乎不如對林徽音那樣嚴酷，我為此感到欣慰。

當幼儀說她覺得自己不如陸小曼有學問和有教養的時候，我理解她的意思。幼儀表達自我的方式是行動勝過語言，而且似乎是以不及徐志摩和陸小曼那麼在乎自我的態度，度過一生。她說她在德國那段日子一直都寫日記，可是在徐志摩和陸小曼於一九二七年出版他們的日記時，她將自己的日記付之一炬，她不想讓她的日記落到任何人手上，再和徐、陸二人的日記一起出版。

陸小曼似乎是個非常能激發別人熱情的女人，如果我是徐志摩，我也會覺得，我真的以自己的愛點燃這女人的心火，而改變了中國。

既是浪漫詩人和泰戈爾的翻譯人，又是陸小曼熱情追求者的徐志摩，成為舉國皆知的名流。他的作品從歌頌哈代（Thomas Hardy）和曼殊斐兒（Katherine Mansfield）等作家的文章，到介紹文藝發展的散文，都擁有廣大的讀者羣。

現代浪漫詩人郁達夫在大約十年後，曾為文評論徐志摩和陸小曼之間的愛情：

當一個坦白美麗如陸小曼的女人，遇到一個熱情誠懇如徐志摩的男人，自然會迸出熱烈的火花來。他們怎顧得了禮教倫常？又怎顧得了宗法家規？當這件事情成為北平社交閒話的笑柄時，我對小曼的勇敢和志摩的真誠，寄與無上的欽佩。

徐志摩和陸小曼的婚禮於一九二六年十月三日，在北京北海花園舉行，由徐志摩的老師梁啓超擔任證婚人，他在場發表了一席語驚四座的講話，表示他不贊成徐志摩的所作所爲，認爲他們兩人從事不道德的勾當。梁公說他和別人曾經嘗試勸告徐志摩不要舉行婚禮，但終告無效。

「徐志摩，你這個人性情浮躁，所以在學問方面沒有成就；你這個人用情不專，以後務要痛改前非，重新做人……。」梁啓超如此訓誡徐志摩。

話講到一半，徐志摩便起身對梁啓超說：「請老師不要再講下去了，顧全弟子一點面子吧！」

我爺爺，也就是幼儀的八弟，參加過這場婚禮，而且在一九八四年到爸媽家的時候，跟我提過這件事。他告訴我，徐志摩事先就已經知道梁啓超會在婚禮上批評他。

「那徐志摩幹嘛還讓梁啓超致詞？」我問。

爺爺說：「第一，他讓梁啓超那樣發抒己見，是給他面子。」

我同意這點。

爺爺又表示：「其次，這是給張家面子。」

我就說我懷疑徐志摩考慮過這點。事實上，我認為徐志摩讓梁啓超講話的主要理由，是想彰顯他自己反對舊禮俗的行為本質。

爺爺聽了似乎對我頗為惱怒，他說我對徐志摩不夠尊重，我應該試著深入一層瞭解他，因為徐志摩以他的才華帶給張家人極大的光榮。

我自己也因為爺爺對徐志摩佩服得五體投地頗感氣憤，他欣賞徐志摩的程度似乎大過欣賞自己的姊姊。爺爺到美東探訪的時候，和我們一起住在康乃狄克家中。幼儀待在我們家的時候向來都很自在，可是一有爺爺在場，就顯得不自然又拘小節，說起話來帶著尖銳而且比平常用力的嗓音，好像擔心爺爺會質疑或譏笑她的權威似的，而爺爺的確有把她的意見看得微不足道的傾向。

我覺得他們的處世風格有極大的衝突，爺爺平時那種調皮搗蛋又愛說笑的態度（張家每個人都說這點最像徐志摩的個性），似乎被幼儀那正經八百的態度給壓了下去。我敢說，這正是徐志摩和幼儀相處的時候經常發生的情況。一九八五年，爺爺臨終之前，告誡我在研究和寫作之時要「對徐志摩仁慈一點」，而且要求在他的喪禮中朗誦一首徐志摩的詩。

定居上海

從我突然離開北平，回上海給媽媽送終，一直到追悼爸爸的最後一天，已經過了將近五個月的時間。離開北平這麼久，我就把房子租約取消，又把阿歡和四妹轉到上海的學校。

喪禮過後，我決定不要再給小孩轉學比較好。雖然我想留在上海，可是我負擔不起上海的生活費。張家全家的經濟負擔現在都落在四哥身上，他同意我的看法，認爲我和弟妹繼續住上海的房子是太貴了，其實他一直在替爸爸媽媽付房租，可是喪禮的開銷讓他破費了，所以他想放棄租約。

當時我每個月還有從徐家收到的三百元，我就告訴四哥，我可以帶著弟妹住到鄉下，他也同意；於是四妹、八弟、阿歡和我搬到離上海半個鐘頭火車車程的一個小鎮，由我支付房租和伙食錢。四妹有住在城裡的大姊和大姊夫給她零用錢，他們偶爾也會叫她過去住住。當時二十四歲的八弟，在一家銀行找到第一份差事，每天和阿歡一起來回通車。

那時候四哥和四嫂住在城裡，在一個外國租界裡面有棟迷人的房子，大家都認爲很有聲望的中國人才會住那兒。四哥當時是中國銀行總經理，還沒當上總裁。

有天晚上很晚的時候，四哥告訴我，媽媽的靈魂出現在他臥房，她飄浮在他頭上，看起來陰森森、又很生氣的樣子。四哥和四嫂一感覺到她出現就醒了，媽媽的靈魂把他們的被蓋往後一拉，他們就又冷又怕，躺著直發抖。

媽媽的靈魂責怪四哥說：「你怎麼可以把弟弟妹妹那樣子丟在鄉下不管？你應該照顧他們的！你是一家之主啊！」

你記得我告訴過你陽世和陰世，還有人死後從陽界轉到陰界的事情嗎？我母親過世以前，我從沒告訴過她我離婚的事，我相信她之所以從陰間回來，主要原因是擔心我。

四哥也認為這是媽媽在他面前顯靈的用意，因為他第二天打電話給我，說要把他的房子讓給我住，他說唯有我接受那房子，媽媽的靈魂才會安息。他和四嫂都很迷信，所以願意搬出來。

三年以後，為了報答四哥捨屋之恩，我幫他在法國租借買了另外一間歸他名下的房子。我也拿到了上海市海格路一二五號這間房子的房契，那房子坐落在「範園」這個大合院裡面，「範」是在英國人接管以前那個屋主的名字，「園」就是「花園」。這座大合院大概由十棟房子組成，正中有個大花園，園中有小徑和噴水池。我新家的位置面向合院後面，是用石頭造的，有三間臥房，一間廚房，幾間佣人房，客廳外面還有個露臺。

我很快在樓下走了一圈，然後到樓上的主臥房，一動也不動坐在大床邊，閉上眼睛。過了好長的一刻，我覺得我聽到了一個聲音。

「媽媽？」我輕聲叫。

一根樹枝擦到了窗戶，我沒動。

「媽媽？」我又叫了一遍，這次比較大聲。然後，我感覺到她的靈魂就在屋裡，好像一股奇怪的氣流。我一點也不害怕，就告訴她我們這些小輩都很好，她可以回陰間去了。

擔任銀行副總裁

搬進新家以後，我開始四處謀教職，後來在東吳大學教了一學期德文，正考慮教第二學期的時候，有幾個上海女子商業儲蓄銀行的女士跑來與我接洽，我想是四哥要她們來的。她們說希望我到她們銀行做事，因爲我人頭熟，又可以運用四哥的影響力守住銀行的錢——四哥是中國銀行總經理，又是《銀行週報》這份討論中國問題與經濟問題的刊物創辦人。她們不得不明講，找我進銀行是看我的關係，而不是能力，因爲我從來沒在銀行做過事。

雖然我受的是教書訓練，可是我決定抓住這次機會。不過，我說我只當銀行副總裁，不做總裁。我心想，如果我哥哥是一家銀行的總裁，我是另外一家銀行的總裁，那成什麼樣子。

經營這家銀行的人把錢都出借給親戚朋友，還有向銀行告貸的人，所以銀行裡差不多一毛不剩，這幾位女士希望我設法留住銀行的錢。

我告訴她們：「什麼律師都別請，銀行已經夠窮了。」然後我說我會嘗試告訴債務人，和他們一起想想辦法，看看能不能想出一條他們償還借款的途徑。

這家銀行是由一羣女性在一九一〇年創辦的，往來客戶也多是女性，地點在市中心的南京東路上，很受老少婦女歡迎。許多在附近商行做事的年輕婦女，喜歡拿了支票立刻上我們銀行來兌現，再在戶頭裡留點錢當存款，這樣一來，她們就不必擔心怎麼安排花錢的問題，也不必操心會把錢統統用來買洋裝、絲襪和口紅了。可是她們結了婚不再做事以後，私房錢的數目就只有一點點了。

大多數年紀大的婦女都用我們的銀行存放珠寶，這些珠寶都是男朋友送的禮物，不能放在先生的銀行戶頭裡。舉個例子講，每次重要社交活動舉行以前，別家銀行都會忙得不可開交，只見一輛輛大型轎車開到銀行門口，有錢的女士紛紛出現，去提領她們的項鍊或首飾，以便赴宴。可是，我們女子銀行的業務在這些時候從來就不忙，因爲我們保管的是比較不正式的珠寶，這些珠寶提領的時間不一樣。

我把我的辦公桌擺在銀行最後頭，這樣銀行前面的情形就可以一覽無遺。我喜歡每天早上九點正到辦公室，這種分秒不差的習慣是從德國學來的。我一向準時，其他人都會遲到，一看到我就道歉，我總是告訴他們別掛在心上。

每天下午五點的時候，有個國文老師會到辦公室來找我，我以前告訴過你這件事，因爲我從十五歲起就中斷正規教育了，所以我覺得自己需要多瞭解一些文學和古籍。

經營「雲裳」

跟著老師上完一個小時左右的課以後，我就到我在南京東路上經營的服裝行。這家服裝行位於上海最時髦的大街上，是八弟和幾個朋友（包括徐志摩在內）合作的小事業。八弟開這個店的構想是：集成衣店和服裝訂做店於一身。我們在店裡陳列一些衣服樣品，再配合女士們的品味和身材加以修改。服裝上面別緻的珠子、釦子、還有花結，都非常獨特出眾，顧客可以向別人誇口說：「我這衣裳是在『雲裳』做的。」徐志摩的好朋友，也是名畫家的李碧波（見附注）經常到店裡晃晃，他爲我們做了些設計，又給我們的服裝增添了一些獨特的風味。

「雲裳」這店名是八弟取的，暗指醉撈月影而淹死的唐朝詩人李白所寫的一首詞（譯注：指《清平調》），他在詞中這麼形容楊貴妃：「雲想衣裳花想容」。

我是雲裳公司的總經理，要負責查看訂單，在下班的時候告訴裁縫師，爲的是盯牢所有事情。

我回到家以後，就幫忙阿歡做功課，一定盯著他做完。我每星期打三次麻將，每次都是晚上八點開始。現在我每星期還是會摸個幾圈。

我甚至在自己家裡款待二哥、四哥及他們的朋友吃飯，他們愛來我家勝過上館子。兩個哥哥都有自己的家，也有老婆可以伺候他們，可是他們反倒喜歡到我家來。因爲四嫂愛在晚上搓麻將、吸鴉片；二嫂不喜歡被穿流不息、想和二哥講話的人打攪，有一次她說：「如果佣人老在伺候你朋友的話，他們還能做什麼事？」

二哥知道她的想法以後，有一次驚訝地問我：「怎麼都沒聽你埋怨那些來拜訪我的人啊？」我跟他說：「和別人聊天是你的工作，要是大家老不來找你，就表示你事情做得不好。」

二哥在一九三四年派我到他辦的國家社會黨做會計，人家總問我這職位是做什麼的，我就告訴他們，二哥只是希望他可以跟別人說：「我得請示請示我們的會計。」這樣他就不必老是拿錢出去了。

我搬進範園以後不久，差不多是徐志摩結婚半年後吧，他也在法國租界的環龍路租了間房子，讓陸小曼、老爺和老太太一起從硤石搬到上海，因爲在當時軍閥互鬥的情況下，待在大城裡比較安全。徐家二老當初爲了紅轎子、吃晚飯和上樓梯的事情與陸小曼發生摩擦以後，又跟徐、陸二人住在一起了。這種已婚夫婦與夫家父母同住的生活方式，是中國人常有的習慣。老爺和老太太會看氣候和地區政治衝突的情況，來回在上海和硤石之間住，一次住上幾個月。

徐志摩賃居的法國租界，和英國租界一樣是個漂亮的地區，那兒有法國人參加的法國運動俱樂部，還有一個法國公園，裡面有座爲了紀念法國一位飛行家而命名的石頭。星期六的時候，我會帶阿歡穿過租界的林蔭道去徐志摩家，好讓阿歡和爺爺奶奶共享天倫。由於阿歡生下以後的頭七年都是由徐家二老撫養，所以他們非常親近，老爺總會從南京東路上的摩登商店買些玩具給阿歡，阿歡去看他們以後，也總是手舞足蹈地回來，吹噓老太太和佣人又給他準備了什麼特別吃食這種事情。

有天下午，我把阿歡送到他們家門口的時候，撞見了徐志摩和陸小曼。徐志摩在車子旁邊攔住我問：「你想阿歡應該怎麼稱呼陸小曼好？」

在中國，一個人的稱謂是很重要的，那表示尊重。徐志摩平常不在乎這些事情，可是我心裡酸溜溜地想，徐志摩之所以這麼問，是因爲他尊重陸小曼。

「叫『二娘』怎麼樣？」徐志摩又問。

我說：「隨你高興，只要阿歡願意那麼叫她就好。」可是徐志摩要當時快十歲的阿歡試著叫「二娘」的時候，阿歡拒絕了，他不想用任何稱謂來喊陸小曼。

我本人只見過陸小曼一面，那天徐志摩的好朋友胡適請我同她一起吃飯，他想知道如果陸小曼也在場的話，我是不是還願意去。

我說：「當然願意，我無所謂。」因爲我已經離婚，和徐志摩沒瓜葛了，和他的家庭也一樣沒牽連了。

我不曉得胡適爲什麼要同時邀請我們兩人去他家，也許他有興趣知道會發生什麼後果。另外，有人說胡適本人也愛陸小曼，他自己的太太是個裹了小腳的舊式女子，而他在美國留過學，卻回家鄉娶了她。

吃晚飯的時候，我看到陸小曼的確長得很美，她有一頭柔柔的秀髮，一對大大的媚眼。飯局裡，她親暱地喊徐志摩「摩」和「摩摩」，他也親暱地叫她「曼」和「眉」。他對她說話的態度是那麼有耐心，那麼尊重她，這讓我想起他以前跟我說話的情形，總是短促而草率。

我不是個有魅力的女人，不像別的女人那樣。我做人嚴肅，因爲我是苦過來的人。

接待徐家二老同住

有一天，我接到老太太打來的電話，她跟我說：「我再也受不了啦，我一定要告訴你陸小曼的事情，我再也沒辦法忍受和這女人住在同一間屋子裡了。

「家裡來了個姓翁的男人，陸小曼是透過她在戲院的朋友認識他的，他現在是她的男朋友囉，而且已經住在這兒了。

「冰箱裡本來有塊火腿，我叫佣人熱了給老爺和我當晚飯的菜。第二天陸小曼打開冰箱一看，想知道她的火腿哪兒去了，我告訴她是老爺和我吃了，她就轉過頭來尖聲怪叫，數落我說：『你怎麼做這種事?那塊火腿是特意留給翁先生的。』」

老太太繼續說：「我真搞不懂這件事，徐志摩好像不在意翁先生在這裡。他從北平教了那麼多個鐘頭書回來是這麼累，喉嚨都痛死了。我就告訴佣人替他準備一些參藥，因爲櫃子裡有些上好的人參，可是佣人回來說我們不能碰屋子裡的人參，因爲那人參是留給翁先生吃的！」

「這是誰的地盤啊？」老太太喊道，「是公婆的，是媳婦的，還是那個男朋友翁先生的？徐志摩一點都不在乎這件事，他說，只要陸小曼和翁先生是一起躺在煙榻上吸他們的鴉片，就不會出什麼壞事。徐志摩講：『他們是互相爲伴。』可是昨天晚上他回家以後，爬上煙榻另一頭和陸小曼躺在一起，陸小曼跟翁先生一定一整個晚上都在抽鴉片煙，因爲我今天早上，我發現他們三人全都蜷在煙榻上：翁先生和陸小曼躺得横七豎八，徐志摩臥在陸小曼另外一邊，地方小得差點摔到榻下面。」

「這個家已經毀了，」老太太說，「我再也不要住這裡了，老爺和我想搬去和你住。」

我以前從沒聽老太太這麼懊惱過，她也從沒跟我說過她想搬來我家。我知道要是老爺和老太太直接從徐志摩家搬來和我住的話，陸小曼會沒有面子，所以我告訴徐家二老，他們要先回硤石住一個星期左右，才可以來跟我住。

老太太用開朗的聲音說：「哦，我懂了，我們就這麼辦。」

徐家二老要從硤石回來的時候，就告訴徐志摩，他們要和孫兒共度一小段時間，結果一住就是好幾年。徐志摩沒有看穿這伎倆，我也覺得鬆了口氣。

陸小曼的男朋友

我從人家的閒話當中得知，陸小曼嫁給徐志摩幾個月後，就認識她男朋友翁瑞午了。認識的場合是由徐志摩的藝術家朋友江小鶼安排的一場爲期兩天的京戲演出，由陸小曼和平劇名角翁瑞午擔任主角，徐志摩演配角。經過這次演出，他們三人成了好朋友。陸小曼演完戲就因爲疲勞過度生了病，翁瑞午主動爲她提供推拿服務，徐志摩沒有反對。真實的情況是，翁瑞午在他們家耗了太多時間，他們三個才成了密友的。陸小曼後來透過翁瑞午的介紹，開始接觸鴉片，最後吸上了癮。

翁瑞午出身世家，不曉得他是怎麼得到推拿師這名聲的。他父親是清廷的一名知府，擅長繪畫，而且是個有鑑賞力的書畫收藏家。翁瑞午透過祖產繼承，擁有一整座山的茶園。

陸小曼會漸漸染上鴉片癮，我爲她感到可悲，有這種癮頭真是可怕！我小時候，大概是十四歲那年吧，有一次和家人到杭州遊湖，四妹和我各吃了幾碗不衛生的蝦子，那蝦子是從西湖撈上來的活蝦，爲了使蝦肉保持鮮嫩，就用熱油淋在上頭，結果我們卻因此得了胃抽筋和發高燒的毛病。爸爸說那是傷寒，要給我們吃點鴉片鎮靜一下。四妹吃了一點，馬上就安靜下來，可是爸爸把鴉片拿過來給我的時候，我撇過頭去拒吃。

我問爸爸：「要是我染上鴉片癮的話，會有什麼後果？萬一我需要它的時候，你會永遠在這兒照顧我，買鴉片給我吃嗎？」

我父親以爲我是被病痛惹煩了，並沒有回答我。

我說：「所以我願意忍受痛苦。」因爲當時我已經知道鴉片是什麼東西了。吸鴉片的人都是躺在煙榻上吸，吸的時候煙霧裊裊上升，連老鼠都會上癮，只要煙管一點，牠們就聚集在屋樑上。四妹雖然才兩歲大，也逐漸喜歡上鴉片，爸爸不給她吃的時候，就哭上幾天。她之所以沒上癮，唯一的原因是她年紀還小，而且爸爸只給她一丁點兒。可是我比她大多了，我不想冒這個險。

我在股票市場賺了些錢以後，就在我家後面的空地上，另外給老爺和老太太蓋了間房子，兩棟房子只隔了幾百碼遠，他們新家的後門對著我家的後門。我覺得我公婆和我分開住很重要，因爲徐志摩和我已經離婚了。

不過，我們兩家還是來往得很密切。有時候老爺和老太太會和我一道吃晚飯；有時候我會送阿歡去他們家陪陪他們。每次徐志摩和陸小曼定期來看他們，把車子開到路口的時候，老爺就從他家後門溜出來，穿過院子到我家，留老太太一個人招呼他們夫婦，因爲老爺不想見陸小曼。

日積月累以後，人家都說老爺和老太太對徐志摩失望之至，所以他們不要徐志摩，而愈來愈疼我。可是我從不相信這點，他們怎麼可能不要自己的獨生子？怎麼可能比愛自己的兒子還愛我？這對父母只是不瞭解徐志摩罷了，因爲他們是老一派的人。

人生真是很奇怪，我是個離了婚的女人，和丈夫離異的原因是他認爲我們兩個不搭調；結果我們離婚以後，相處得反而比離婚以前要好。

徐志摩平時在北平講授藝術和文學課程，可是要從上海過去，因爲陸小曼比較喜歡住上海。

他在上海的時候，我差不多天天看到他。我們離婚以後才真正密切來往，可真是件怪事。他習慣到服裝行來看我，如果他要去旅行，就會找我訂做襯衫或是長褲。有一次，我幫他做了條領帶，他回來以後告訴我，他把領帶搞丟了，結果我們又得再給他做一條。

一九二八年夏天，徐志摩去歐洲講學旅行，老爺和老太太當時住在硤石。有一天，就在徐志摩離家以後沒多久，老爺坐著火車進城，特地去見陸小曼一面。他決定趁徐志摩離開這麼長的一段時間，嘗試善待陸小曼。

他說：「你沒必要這樣子一個人守著一間大房子，何不把車子停在車庫，只留一個佣人看房子，過來和我們一起住鄉下？」

老爺的目的是想省錢，也給陸小曼一次保留面子的機會。他回鄉下等陸小曼露面，結果她既沒回老爺消息，也沒在硤石露臉。徐志摩一九二九年元月回國的時候，老爺和他在火車站碰頭。「我已經決定不再和你老婆講話了，如果她不搭理我，我又何必想辦法善待她？」老爺說。

事情過後，當老爺和老太太住在城裡的時候，徐志摩就單獨來見他父母，偶爾會試著帶陸小曼一起來，可是老爺一看到他們的車子靠近了，就從他家前面跑到我家後面，再由後門溜進來，穿過院子到我家，留老太太一個人招呼他們。

等徐志摩和陸小曼離開以後，老爺又趕回自己家裡，好從老太太口裡得知他們夫妻相處的情形。老爺就是這樣子疼愛自己的兒子。

如果說徐志摩的父母想要個乾女兒的話，我一直做得很稱職。我很想知道，自己是不是可以換種方式對待他們。可是，當我善待公婆的時候，我就想：他們是我兒子的爺爺奶奶，我怎能不好好對待他們？

為徐老太太辦後事

不過，有時候我在徐志摩和他父母之間很難做人，我不曉得自己在這個家裡應該處於什麼地位。老太太一九三〇年患了嚴重氣喘病的時候，我不知道我該做什麼。當時老爺打電話到上海給徐志摩，要他一定得回硤石，然後又打電話給我說我也得去。聽到老太太病重的消息，我嚇了一大跳，很想馬上就到她身邊看她，可是我知道徐志摩和陸小曼會去，就不想和他們共處一室了。而且，我認爲遇到像死亡這種大事，我一定要堅持我在家裡的身分：我已經離婚了。

於是，我告訴老爺，我會把阿歡送去硤石，叫阿歡和徐志摩在火車站碰面，然後一起坐車到鄉下。

那天下午，老爺又打電話來問我爲什麼沒去，我最後跟他說：「我離婚了，不應該插手家裡的事情。」

我這麼說，是因爲照顧公婆是陸小曼的責任，不是我的，而且我不希望徐志摩或是她因爲我插手這件事，而生我的氣。

那天夜裡，老爺又打了一次電話，他語氣狂亂地說：「你一定要馬上來家裡，家裡沒半個女人，我們不曉得要怎麼辦。」

我回老爺的話說：「爲什麼找我？我離婚了呀，你叫徐志摩來聽電話。」徐志摩在電話那頭講：「我啥事也不會，她病得這麼重，我什麼都不會做，我不懂醫藥方面的事情。」

我考慮很久以後，拖著長長的聲音說：「你們這些人真自私，現在你們需要我了，就叫我來，要是陸小曼也來家裡，那我要幹嘛？一個屋子裡有兩個女主人，成什麼樣子？再說，我可以留下來參加喪禮嗎？那又成何體統？」

我非堅持自己的立場不可，因爲這是件大事。我說如果我來的話，那陸小曼到家以後，我也不會離開屋子一步，我一定要得到留下來參加喪禮的許可。

徐志摩用絕望和鬥敗的口氣說：「好啦，好啦，你來就是了。」

我大概是在老太太去世前的兩個星期到硤石的。我到的時候，她雖然人很虛弱，可是還可以四處走動。她告訴我，她真高興我來了，這下子，她曉得每樣事情都會辦得妥妥貼貼了。

我爲喪禮做了一個正室應該做的所有事情。把布包塞進老太太嘴裡，然後僱人幫她穿上一層層壽衣，縫上珍珠，再把她的遺體放進棺材的人是我。我還召來和尚，連做了幾個星期的法事；找來裁縫師縫製送葬穿的白麻衣；又請來哭喪者在喪禮舉行的時候，站在棺材邊，每次一有朋友或親戚向亡者致敬，就放聲大哭。我還教十二歲的阿歡走向棺材的時候，要深深鞠三個躬，離開棺材的時候，也要深深鞠三個躬。

陸小曼一直拖到喪禮舉行那天才到硤石，而且在喪禮正式開始以前，一直關在臥房沒出來。她住在徐家本宅，我和叔伯堂表親們住在老宅，因爲我不願意和她待在同一個屋子裡。

不過，她和我都參加了老太太的葬禮。喪主老爺站在棺材邊，當來賓趨前向老太太致敬的時候，就對著他們鞠躬。低著頭穿著白麻衣的我，以徐家乾女兒的身分，站在徐志摩、陸小曼和阿歡的身旁。

附注：依文獻記載，此人應爲江小鶼，張幼儀引用此名，可能係口誤。

14 尾聲

一九八六年的春天，我遠赴上海追尋幼儀的過去。我想看看她走過的街道，住過的房子，搬過的地方。若不是深受她過去那段故事的感動，我幾乎無法到紐約拜訪她。當我和她在一起時，我看不到那個每天早上起床做早操、吃維他命、以新決心面對一天的八十六歲高齡老婦，而只看得到她的過往，腦子裡呈現的是一些支離破碎的影像，殘缺不全的抽象概念，循環不已的話題，還有從徐志摩、陸小曼、林徽音、柏林、上海這些角度所看到的種種事物。

我並不瞭解故事全貌。幼儀把徐志摩形容得這麼像個偉人，起初她以爲他和她離婚是因爲女朋友的關係，到最後又覺得是因爲他尊重女性，不希望見到她們妥協的緣故。哪一點才是真的？難道幼儀在將憤怒的矛頭指向他後，又把怒氣扭轉成愛意與欣賞嗎？當我把她留在紐約，自行飛往上海之後，她對離婚的詮釋更加令我困惑了。

在上海，我遇見了四伯祖的一個兒子，他還記得一些老地方。我們找到一輛車和一名司機後，一早就沿著邦德（譯音）這條壯觀的林蔭三線大道而行，邦德大道繞著上海東邊的黃浦江而行，現已改稱中山東路，依然是上海市的主幹道。我們經過了曾是英國公園、裡面豎了塊「中國人與狗勿入」告示牌的人民公園，然後繼續順邦德大道而下，看到四伯祖曾任總裁的中國銀行，隔壁的莎蓀樓（Sassoon House）是他以前午睡的地方。

如今上海所有街名都不一樣了，我膝上攤著一張地圖坐著，一手拿著一瓶立可白修正液，將羅馬拼音字裡的字母「x」和「z」，以及中共接收大陸後所改的街名畫掉，在原來的地名上描上外國租界的邊界，寫上Lafayette、Bubbling Well、Joffre之類的名稱，又在上海市立圖書館、人民公園和人民廣場的位置，畫上一度坐落於英租界和法租界轉角的俱樂部和賽馬場。

多虧有堂伯父帶路，我們才找到幼儀經營的服裝行和銀行，前者現在是家影印店，後者現在是家五金行。堂伯父找路的時候，只有老路的方向和轉彎之處才成問題，街名不成問題。我們隨著腳踏車陣離開市中心後，便前往上海市的住宅區，那兒的房子與寬闊的街道有段距離，外緣是波浪狀的圍牆。堂伯父指著法國租界環龍路上的一棟小房子，那正是徐志摩和陸小曼住過一陣子的地方，他說他們當時是賃屋而居，於是我拿著地圖坐下來，畫上「H」代表徐志摩，又畫上「Y」代表幼儀，好像他們還是鄰居似的。

最後，我們來到幼儀在英租界的住宅，現在是一所軍醫院了。站在範園的廣場上，我依然感受得到往日那種楊柳搖曳的優雅氣氛，還有中國庭園的藝術氣息。上海有種幾乎讓人覺得詭異的時間停滯感，這點是我始料未及的，過去的那些鬼魅似乎並未消失；而那天早上，他們的陰氣愈來愈盛，帶著我退回數十年前。當我踩著幼儀在範圍走過的步伐時，我才瞭解到，我有必要依照她希望我接受的方式，接納她的故事。

徐志摩之死

我最後一次看到徐志摩，是在一九三一年他死於意外的前一天。那天他來店裡跟八弟打招呼，然後問起他要裁縫師替他做的那幾件襯衫的事。他剛搭飛機抵達上海，準備帶人去看一個朋友打算出售的住宅，他充當中間人，如果他替朋友賣掉這房子，就可以賺些佣金。

儘管當時搭飛機旅行還是件危險的事，徐志摩照舊經常飛來飛去。雖說外國公司的飛機比中國公司的要安全，可是徐志摩講，他之所以搭中國航空公司的飛機，是因為他有一本免費乘機券。徐志摩寫過一篇描述搭機情形的著名散文，中國航空公司想利用他作一部分廣告。

那天下午，他說他得馬上趕回北平，我就問他為什麼非這麼趕不可，他可以第二天再回去，我還告訴他，我覺得他不應該搭中國航空公司的飛機，不管是不是免費。他像平常那樣大笑著告訴我，他不會有事的。

當天晚上，我在一個朋友家裡摸了幾圈麻將，很晚才回家。凌晨一、兩點的時候，我半睡半醒聽到有個佣人進來告訴我，有位中國銀行來的先生在門口想拿封電報給我。

電報說，徐志摩坐的包機在飛往北平的途中，撞毀在山東濟南。機上唯一的乘客徐志摩和兩位飛機師當場死亡。

「我們怎麼辦？」中國銀行來的那位先生一語點醒了我，「我去過徐志摩家，可是陸小曼不收這電報，她說徐志摩的死訊不是真的，她拒絕認領他的屍體。」

於是我想到陸小曼關上前門，消失在鴉片煙霧裡的情形。她出了什麼毛病？她怎麼可以拒絕爲徐志摩的遺體負責？打從那時候起，我再也不相信徐志摩和陸小曼之間共有的那種愛情了。

我要那信差進來飯廳，一個佣人爲他端了杯茶，我在一旁整理思緒：阿歡必須以徐志摩兒子的身分認領他父親的遺體，而且必得有人和十三歲的阿歡一起料理後事，那個人應該是陸小曼，而不是我。

於是，我打電話給八弟。我告訴他這個噩耗的時候，他開始在電話那頭啜泣。

我問他：「你明天能不能帶阿歡去濟南一趟？」

「當然可以，當然可以。」他控制自己的情緒說。

第二天早上老爺來吃早飯的時候，我告訴他有架飛機失事了，我根本不必講誰在飛機上，因爲所有我認識的人當中，只有徐志摩定期搭飛機。

老爺就問我那乘客的狀況，我不敢當場告訴老爺實話，我怕他這麼大的年紀會受打擊，所以我就假裝徐志摩還活著的樣子說，他在醫院，情況看起來很糟糕。

老爺說，他不願意在這種情況下到醫院看他兒子，他要我去，然後回來向他報告。

第二天早上吃早飯的時候，老爺問我：「有什麼消息嗎？」我低頭看著盤子說：「他們正在想辦法，可是我不曉得他們能怎麼樣。」

隔天老爺又打聽了一次消息，我終於像頭一次聽到噩耗的時候那樣，哭著說：「沒指望了，他去了。」

這時候，我看到老爺臉上有好多表情：有哀痛，有難過，有悔恨。他把臉別過去說：「好，那就算了吧。」雖然這麼說很怕人，可是徐志摩太讓他傷心了，而且他對徐志摩娶陸小曼進門這件事很生氣。

後來，有支搜索隊被派到撞機的山邊尋找屍體，徐志摩的遺體在撞機地點不遠處被發現，雖然屍首不全，而且嚴重燒焦，不過還是認得出來。

後來他的遺體先放在濟南，中國銀行在當地爲他先舉行了公祭和喪禮，其中有阿歡和八弟參加，老爺也作了一首輓聯致哀。他在輓聯中，大膽將徐志摩比擬爲歷史上兩個著名詩人，一個是戰國時代的楚國詩人屈原，他因爲楚王不信任他而投湘江自盡；一個是唐朝詩人李白，據說他在醉酒的時候，因爲想抓住水中的月亮倒影而淹死。

考史詩所載，沉湘捉月，文人橫死，各有傷心，
爾本超然，豈期邂逅罡風，亦遭慘劫？

自襁褓以來，求學從師，夫婦保持，最憐獨子，
母今逝矣，忍使淒涼老父，重賦招魂？

我也想在喪禮中說些話，可是不知道要怎麼起頭表達我的哀傷。二哥的朋友就以我的名義，作了一首輓聯，其中提到濟南地區的候鳥大鵬，這種鳥的背非常寬大，每年都會遷徙到天池。

萬里快鵬飛，獨憾翳雲遂失路；
一朝驚鶴化，我憐弱息去招魂。

徐志摩死後的公祭儀式舉行完半年，中國銀行終於安排用一節火車車廂，把他的遺體從濟南運到上海，再運到硤石安葬。當時運送工作困難，因爲國民黨和日本人正在那個地區打仗。八弟帶著阿歡去上海迎接還沒有封蓋的棺材。雖然我連去參加上海公祭的打算都沒有，不過還是準備了一套黑色綢衫，以備不時之需。

公祭那天下午，家裡電話鈴響了。「你一定要來一趟。」一個朋友說。我問爲什麼。「你來就是了。」他說。於是我去了公祭禮堂一趟，徐志摩的靈柩已經打開，安置在花朵中，他的臉襯在黑絲袍前，顯得十分慘白浮腫，一點也不像他。我深深鞠了三個躬，向他致敬。他才三十五

歲，這麼年輕、又這麼有才氣。我從靈柩旁走開以後，打電話給我的那個朋友出現在我身邊，他鬆了口氣說：「你一定要幫忙，陸小曼想把徐志摩的壽衣換成西裝，她也不喜歡那棺材，想改成西式的。」八弟在中國銀行的協助下，幫徐志摩用傳統的「壽板」訂製了一口棺材，這種棺材有一面是圓的，形狀很像樹幹，而不是長方形的盒子。把徐志摩的遺體從一個地方挪到另一個地方這種想法，教我覺得噁心，把他的壽衣換掉也是，他的身體怎麼可能再承受更多折磨？我說：「就算他是因爲自然原因死亡，現在也難改一切了，何況他是在這種意外狀況下死的……」我沒辦法再想下去了。我不想見陸小曼，也不想跟她說話而免不了吵上一架，就下了個結語說：「你只要告訴陸小曼，我說不行就好了。」說完就走出大門，以防萬一陸小曼出現。後來我聽說他們還是讓徐志摩穿著中國壽衣躺在中國棺材裡，我才舒了口氣。我搞不懂陸小曼，難道徐志摩洋化到需要在死的時候穿西服嗎？我可不這麼想。不管他的思想有多西化或多進步，我都認爲他是中國人，因爲他追求西式愛情的結果，並沒有救他一命。去年我才讀到他死前寫給陸小曼的信，徐志摩從沒跟她一起過過家庭生活，她拒絕搬到北平，因爲住上海鴉片比較容易到手，徐志摩爲了供養她，老是在北平和上海之間飛來飛去。讀到他末期的生活情形，我非常難過。

都為林徽音

你曉得徐志摩爲什麼在他死前的那天晚上搭飛機走嗎？他要趕回北平，參加由林徽音主講的一場建築藝術演講會。到頭來又是爲了林徽音，從住沙士頓的時候起，經過他們攜手與泰戈爾同遊，甚至在她嫁給梁思成以後，都是這樣。她、徐志摩、還有她丈夫，是知心朋友。徐志摩的飛機在山東撞毀的時候，梁思成正巧到山東，所以梁思成和他朋友是搜索隊裡的第一批人員。

我一九四七年的時候見過林徽音一次。當時我到北平參加一場婚禮，有個朋友過來跟我說，林徽音住在醫院，不久以前才因爲肺結核動了一次大手術，可能不久於人世，連她丈夫都從他任教的耶魯大學被召回。我心裡雖然嘀咕著林徽音幹嘛要見我，可是我還是跟著阿歡和孫子去了。見面的時候，她虛弱得什麼話也說不出來，只是望著我們，頭轉到這邊、又轉到那邊。她也仔細地瞧了瞧我，我不曉得她想看什麼，也許是看我人長得醜又不會笑。

後來林徽音一直到一九五四年才死於肺結核。她當初之所以想見我，是因爲她愛徐志摩，想看看他的孩子。儘管她嫁給了梁思成，她還是愛著徐志摩。

但如果她愛徐志摩的話，爲什麼她在他離婚以後，還任由他晃來晃去？那叫做愛嗎？

人家說徐志摩的第二任太太陸小曼愛徐志摩，可是我看了她在他死後的作爲（拒絕認領他的遺體）以後，我不認爲那叫愛。一個人怎麼可以拒絕照顧另一半？愛代表善盡責任、履行義務。

而且，他們兩人沒有一起過過家庭生活。陸小曼的鴉片癮把徐志摩弄得一窮二白，老是得向朋友告貸，他也會跟我借錢，可是如果我從自己的腰包掏錢給他，我就會說：「這是你爹的錢。」

徐志摩本人並沒有惡習，他不喝酒，也不吸鴉片，甚至一直到死的前一年左右才開始抽香菸。他有一種隨和的個性，在任何社交場合都受人喜愛。

我這輩子都在擔心有沒有盡到我的責任，連離婚以後都還在照顧徐志摩的父母，因爲我認爲這麼做是我的責任。我爲徐志摩、他家人、還有他兒子，做了我認爲應該做的事。

徐志摩還在世的時候，老爺每個月幫他忙，供他三百元生活費。徐志摩死後，老爺還是每個月給陸小曼三百元，因爲他覺得照顧她是他的責任。他把那三百元直接存到她銀行戶頭裡，這樣他就不必看到她了。老爺比徐志摩多活了十三年，那些年他都跟我住，而且每個月幫陸小曼的忙，甚至在她公然與情人翁瑞午同居以後也一樣。翁瑞午和陸小曼未婚同居了很長一段時間，直到翁瑞午一九六一年去世爲止，他比陸小曼早死六年。而這段期間，翁瑞午是已婚身分，我真爲他太太和女兒難過。

一九四四年老爺辭世以後，我繼續每個月放三百元到陸小曼戶頭裡，因爲我認爲供養她是我兒子的責任。過了大概四、五年以後，翁瑞午跑來見我，告訴我他賣了好幾噸茶葉，現在的財產足以供養陸小曼和他自己了，從此我才不再寄錢。

感謝離婚

現在，我的故事接近尾聲了。就某一方面來講，你就是我的故事結局，因爲你是頭一個聽我訴說我畢生故事的人，可是你有興趣聽，而且想知道我的身世，所以我真心覺得我一定要把我的故事和盤告訴你。你老是問我，我有沒有時間再跟你談，現在我所擁有的就是時間，我有的是時間坐下來回想過去。

有時候，我覺得我已經爲我家人和徐志摩家人做盡了一切，因爲我一向關心什麼是對的，什麼是錯的。儘管我離了婚，我和徐家、甚至徐志摩的關係，始終還是很近。打從開始，我的相命婆一直就喜歡徐家。

你總是問我，我有能力經營一家銀行和一間服裝行，怎麼還對徐家二老和徐志摩這麼百依百順。我想我對徐家二老有一份責任在，因爲他們是我兒子的爺爺奶奶，所以他們也是我的長輩。我就是跟著這些傳統價值觀念長大的，不管我變得多麼西化，都沒辦法揚棄這些觀念。

所以，我要爲離婚感謝徐志摩。若不是離婚，我可能永遠都沒辦法找到我自己，也沒辦法成長。他使我得到解脫，變成另外一個人。

上個星期我在一份台灣的報紙上讀到一篇文章，裡面提到一個討了十八個老婆的男人，他說有這麼多老婆好得很，有什麼好煩心的？他也舉了些很好的理由。他說，他所有老婆都有薪水，吃得飽，又獨立自主，每個人哪有什麼問題？他解釋得很清楚，說這些理由符合任何宗教，爲什麼一定要制訂反對一夫多妻制的法律？

他家每個老婆都很快樂，沒有一個發牢騷，只有第十九個老婆例外。他準備討第十九個老婆的時候，女方的媽媽很氣，就把這件事情在報端披露。你曉得，我覺得這種事情非常有意思，真的可以讓人省思。

徐志摩死後，我在上海住了將近二十年。那段時間，中國與日本一直抗戰到一九四五年，後來又一直和共產黨打內戰打到一九四九年。當時國民黨黨主席蔣中正在比較這兩大敵人的時候說，內敵才是更大的災禍，日本人是皮膚病，共產黨就是內臟病。

我在這段漫長的戰亂時期運氣很好，因為生活沒受干擾，又賺了許多錢。我買了兩籮染軍服需要用的染料，等到價錢漲到一百倍，而且再也沒法從德國進貨的時候才賣掉。有了這筆資金，我又開始投資棉花和黃金。服裝行裡所有的人當中，只有我賺了錢，別人都沒賺到。

有一年，有個叫宋太太的女士模仿我做每筆生意。她每天早上都來我家，我打電話給我的買賣中間人，她也跟著打電話給她的買賣中間人。她現在住香港，總是來信告訴我，她最高興的日子，就是和我在一起的那一年。

那些年間我最壞的遭遇，是發生在一九三七年夏天日本人入侵上海的時候，當時女子銀行差點倒閉。那是一段可怕的日子，街上盡是逃出城的人潮，有好多顧客跑來銀行，我的現金準備短缺，不得不請求大一點的銀行接受我們銀行那棟建築的所有權狀，作為現金預支的抵押品。接著就有個顧客跑進服裝行找我，要提光我才想辦法為銀行保住的四千元。

我就走到後面找經理說：「如果這個人把四千元都提光的話，明天銀行就甭開了，我們的銀行會關門大吉，所以我想提議爲他擔保這筆錢，你能不能替我作保？我們放在保險押金箱裡的錢夠不夠？」

經理向我保證，如果銀行關閉的話，他會先把我那四千元留起來。我就叫他把這句話寫下來，然後走到那顧客面前，問他願不願意考慮接受擔保。

雖然我們是女子銀行，可是這位顧客是位男士，他說：「如果是你張幼儀告訴我，你擔保這筆錢，那我相信你。我不相信別人的話，可是你講的話我信。」

於是，我們寫了張契約，說明我在六個月後連同利息把這筆錢給他，以這個方法解救了銀行。接下來那半年，我一直親自帶著那張保證書，萬一我有什麼三長兩短，我希望發現我的人知道，我對這位顧客有責任。

為阿歡選媳婦

我兒子阿歡一九三九年的時候滿二十一歲，自從我由德國返國以後，我一直監督他的學業，而且看到他跟他父親和舅舅們一樣中西學兼備。我不希望他在完成學業以前結婚，他滿二十一歲的時候，我就問他，他有興趣娶誰做太太，我想幫他找個合適人選，免得像我一樣，過著完全暗無天日的婚姻生活。

他跟我說：「我只對漂亮姑娘感興趣。」

他爲什麼這麼回答，我不明白。他說這話的時候，我很傷心，因爲那讓我想起他父親，我一直覺得他父親要的，是個比我女性化、又有魅力的女人。

不過，我由麻將朋友那兒打聽到一個年齡與他相仿的漂亮小姐，就請她和她母親吃晚飯。阿歡看看她，和她說了幾句話，就喜歡上她了。那年，他們在有一千位來賓的婚禮中，完成了終身大事。

後來他們的婚姻一帆風順。小倆口一九四七年移民後，一直住在美國，我有了四個孫子，甚至還有個曾孫。起先我很擔心我媳婦，那個時候我們住在一起，我不希望她在婚姻方面遇到和我一樣的麻煩，所以讓她同時上英、法、德、中等國的文學課程，這麼一來，她不只能夠滿足阿歡的審美眼光，也可以滿足他的知識品味。

我是一九四九年四月離開上海的，剛好是在上海淪入共產黨手中以前。每天，我都會注意登在報紙頭版的共產黨節節逼近形勢圖。我們離開的時候，中國的法律和秩序蕩然無存，人人能做的就是逃難。我極其幸運在飛機上得到一個位子，在飛往香港的班機上，我們還得當心共產黨的轟炸機。

除了大哥、七弟、大姊和三妹以外，張家所有兄弟姊妹都離開大陸。我們選擇不跟國民黨領導人到台灣，而嘗試在西方爲自己找到安身之地，最後大半手足都落腳美國，可是在這以前，我們散布世界各地，四哥先去澳洲；二哥先到香港，再到印度；八弟先往日本，再赴香港，這三個兄弟最後都選擇加州作他們的家，四妹和我住過香港以後，也先後來紐約，她一九五六年來，我一九七四年來。

再婚

我一九五三年嫁給一位蘇醫生（譯注：蘇記之），他住在我樓下，有四個十來歲的小孩。我是透過朋友的關係認識他的，他向我求婚的時候，我心裡想：要是這婚姻行不通的話，對我們兩人來說都是件可怕的事。他也離過婚，我想他太太已經改嫁了。

於是我寫信給我兩個哥哥，因爲我什麼事都徵求他們的意見。我也徵詢了我兒子的看法，因爲我是個寡婦，理應聽我兒子的話。

四哥從澳洲寫信來說：「讓我考慮考慮。」

二哥也決定不下我該不該再嫁，我今天會接到說「好」的電報，明天又會接到說「不好」的電報。我哥哥太愛我了，他們不希望看到我再受傷害。而且，中國人有種想法，認爲一個孀居的女人不應該再婚，因爲這會讓娘家失面子。可是徐志摩早在我成爲寡婦以前就和我離婚了，所以我覺得假如我再婚的話，並不會讓家人蒙羞。

一直告訴我要重視自己內在感受的二哥，後來來信說：

兄不才，三十年來，對妹孀居守節，課子青燈，未克稍竭棉薄。今老矣，幸未先填溝壑，此名教事，兄安敢妄贊一詞？妹慧人，希自決。

我兒子阿歡也回信說：

母孀居守節，逾三十年，生我撫我，鞠我育我，劬勞之恩，昊天罔極。今幸粗有樹立，且能自瞻。諸孫長成，全出母訓。……綜母生平，殊少歡愉。母職已盡，母心宜慰，誰慰母氏？誰伴母氏？母如得人，兒請父事。

我兒子還居美國以後，從事的是土木工程師的行業，可是他寫那封信給我以後，每個讀信的人都說，從那封信看得出來他是徐志摩的兒子。

雖然四哥始終沒給我答覆，可是我兒子同意了，二哥也不反對，我就嫁給蘇醫生啦。那我愛不愛他呢？這我沒辦法講。我嫁他的時候，心裡這麼想：「我能不能爲這個人做什麼？我有沒有能力幫助他成功？」

我們剛結婚的時候，每天晚上一吃完晚飯，他兒子和三個女兒就會趕快離開飯桌，我一直好奇是怎麼回事。後來他們告訴我，他們的父親在幾杯啤酒或是葡萄酒下肚以後，老是和他們爭吵，所以他們想趕快在他發脾氣以前，離開飯桌。

我把這件事告訴蘇醫生的時候，他大吃一驚，他自己並不曉得這回事，我就跟他說：「你別再喝酒了行不行？這樣孩子們就會留在飯桌旁邊了。」

從那天起，他就把酒戒了，再也滴酒不沾。他這點我非常欣賞，有那樣的習慣以後，說戒就戒。此後，孩子們都留在飯桌旁了。

和蘇醫生在一起，我可以同他聊天，商量事情，還可以幫他忙。他剛搬到香港的時候，必須考取開業執照，我就在他研讀那些厚厚的醫學書籍的時候，陪他熬通宵。後來他開了兩家診所，早上看診的那家在九龍港對面，另外一家在香港。我負責替他登記所有看診和預約的時間，如果有人打急診電話來，我就和他在天星碼頭碰面，再告訴他去哪兒赴診。

重回康橋

我甚至和蘇醫生一起在一九六七年的時候，回到康橋、柏林這些所有我住過的地方。他大半生都在日本度過，從沒到西方旅行過，我就帶他去看看。他和我坐在康河河畔，欣賞這條繞著康橋大學而行的河流，這時我才發覺康橋有多美，以前我從不知道這點。我們還從康橋坐公共汽車到沙士頓，我就只站在我住過的那間小屋外面凝視，沒辦法相信我住在那兒的時候是那麼樣年輕。

我們到柏林以後，看到整座城市都不一樣了，很多地區因爲第二次世界大戰的關係被炸毀，我連要走去布蘭登堡大門都沒辦法，因爲它正好在柏林圍牆後面。不過，我還是想辦法站在一、兩棟建築外頭看到了我以前的家。

走訪過這些地方以後，我決定要讓我的孫兒們知道徐志摩。所以，我請一位學者，也是徐志摩在《新月月刊》的同事梁實秋先生，把徐志摩全部的著作編成一套文集。我提供了一些我的信件，由阿歡帶去台灣見梁實秋。我希望留一些紀念徐志摩的東西給我兒子和孫子。

蘇醫生在一九七二年過世，他和我在德國生的兒子彼得一樣，腸子出了問題，得的是腸癌。六月中旬有一天，我在碼頭和他碰面，看到他的汗水從毛衣滲了出來。後來醫生跟我說：「你還有半年時間，得準備準備了。」

他去世以後，我們把他葬在香港。

蘇醫生死後，我就來美國依親。現在，我每天早上七點半起床，做四十五分鐘體操，然後坐下來吃早飯，喝一碗麥片粥，或是吃顆煮了兩分半鐘的蛋。爲了保持健康，我一直服用維他命和一湯匙加在橘子汁裡的酵母。我喜歡看報，探望我家人，甚至還上了一些我這公寓提供的課程，我可以上德文、有氧體操，或是鉤針編織，這些都是給老人家上的。我現在每個星期還打麻將，准許自己一年有二百美金的輸贏。

你總是問我，我愛不愛徐志摩。你曉得，我沒辦法回答這問題。我對這問題很迷惑，因爲每個人總是告訴我，我爲徐志摩做了這麼多事，我一定是愛他的。可是，我沒辦法說什麼叫愛，我這輩子從沒跟什麼人說過「我愛你」。如果照顧徐志摩和他家人叫做愛的話，那我大概愛他吧。在他一生當中遇到的幾個女人裡面，說不定我最愛他。

後記

我在幼儀去世的前一夜還看到她，那是一九八八年的元月二十日，就在她滿八十八歲高齡之後不久。雖然她還待在家裡，可是大半時間都躺在床上受氣喘病折磨，由她孫女安琪拉不眠不休地照顧。由於安琪拉生日將至，我便事先作好陪伴幼儀的安排，好讓她和先生、兒子一塊兒出去吃頓晚飯。

在這前一年，我曾經夢到幼儀死去。那是一場噩夢，夢中的她縮在床邊，爲了吸取空氣，弄得喉嚨哽塞、喘息不止。而看到她此時虛弱與萎縮的形貌，我卻驚得目瞪口呆。我還記得我們聊天的時候，她眼中曾經透出犀利的目光，此時卻淌滿淚水，當她不斷以面紙輕按雙眼之時，我分不清她是在哭，還是在忍受病徵。她又經常咳個不停，每回氣管一抽搐，就湧出大量黏痰。

當我們坐在我們進行訪談時常坐的那張柚木桌旁之時，我的身體顯得比她巨大得多。她胃口很小，使了半天力氣才吃下半碗飯，吞服藥丸也費盡九牛二虎之力，所以我把藥丸放在她舌頭上，並握著一杯水貼在她唇邊。她進食的時候，一下子被一粒米哽到喉嚨，那情景是那麼的可怕，那麼的真實，就像從我夢中跳出來一般。那股痙攣耗去她那麼多體力，我生怕她會當場死在桌旁。

那頓飯其餘的時間，好像在傷感地提醒我們共度的時光。我洗碗的時候，她無精打采的坐在一旁。然後，我帶她扶著助行支架走回臥房，最後終於走到床邊。她已經沒辦法不費吹灰之力更換衣服了，於是我慢慢幫忙她鑽進睡衣褲裡，她也小心翼翼努力擡高胳臂和雙腿相助。她坐在床上讓我爲她扣好上衣鈕子的時候，我感覺得到她已筋疲力盡、完全屈服。

當我謹慎移動她的身體，好將被蓋拉開，協助她躺進床裡的時候，她拉著我的手，以沙啞卻比較有力的聲音對我說：「你曉得，我真高興你在這兒。」

我對她點點頭，親了她一下，向她道晚安。然後讓自己舒服地躺在她那單房公寓另一邊的沙發上，聽到她不知不覺進入夢鄉，發出深沉、用力的呼吸聲。

葬禮

幾天以後，幼儀的喪禮在九十一街和公園路交叉口的紅磚教堂（Brick Church）舉行，出席的人數之多——有兩、三百人——令我吃驚。我看到她家人、來自公寓大廈的熟面孔，還有和她一起用餐、練習德文的鄰居。安琪拉指出其他一些人，有幼儀的麻將朋友以及聚會教友。喪禮的氣氛莊嚴卻有朝氣，彷彿每位出席者都知道幼儀走過長壽又順遂的一生。

安琪拉的丈夫先站起來說話，表達他欽佩幼儀的活力與能幹。我看到有些人因爲贊同他而精神一振，因爲她是一個人人熟悉，而且又開放、果決的女性，也是一位社區教師。安琪拉要我也講幾句話，當我湊近麥克風的時候，我聽到自己的聲音在禮堂內迴盪。我提到這些年來我和幼儀共處的情形，我怎麼樣在讀大學中國史課本的時候，首次在一個附注中看到她名字，以及我在學生時代就開始拜訪幼儀，請她告訴我她的故事。

我站在眾位來賓面前，與他們分享幼儀鮮爲人知的往事，她怎麼樣一度嫁給徐志摩，忍受離婚之苦，然後變成一位兼具傳統與現代價值觀的堅強女性。從來賓的反應，我看得出來很少人知道幼儀與徐志摩的關係，以及她爲了自立更生、尋求自我所做的奮鬥。看著我周遭的人，我明白幼儀的故事已經帶給每個人一些不一樣的感受，這時我才發覺，她送給了我一份厚禮。

我跪在爸媽家的桃心木箱前，緊握著幼儀每天穿的黑綢衫，彷彿那衣衫可以召喚我姑婆似的。我覺得那凹凹凸凸的布料摸在手中有股生命在，幼儀把這布料叫做「泡泡紗」，她說她之所以喜歡這種質料，是因爲它耐穿又看不出皺褶。她還把傳統那種窄窄的綢衫改成自己的洋裝，改法是把旁邊的縫份剪開，讓身體有較多活動空間。注視著幼儀這件訂做綢衫上獨特的剪裁線條，我懷著激賞的心情，憶起她講求實際和獨立自主的個性。

我來到箱前，爲的是把兩件衣服和幼儀的綢衫並置箱中，那是我的兩套結婚禮服，第一件是我在婚禮宣誓的時候穿在身上，也是我小時候夢寐以求的一襲白紗花邊禮服；第二件是一襲及地紅絲旗袍（中國人以紅色代表喜事），而我這件苗條合身、領子堅挺的綢衫，是照著幼儀和媽穿的綢衫式樣縫製的。雖然我打破了傳統，在我父母的祝福下嫁給了外國人，可是當我換上這件綢衫參加喜宴的時候，心裡有股悸動和驕傲，覺得自己霎時成爲孝順的女兒和自立的妹妹。

徘徊在箱前，我想像了一會兒幼儀在我身邊的情景，然後仔細將我的白紗禮服、紅色綢衫，還有幼儀的黑色綢衫疊在一塊兒，撫平它們之間的皺紋紙，再把幾件衣裳一一放在一起，靜靜地闔上家中那口滿載回憶的箱子。

附錄

紀事表

年	歷史事件	張幼儀	徐志摩及其他人
一八九六	麥肯立（William Mackinley）當選美國第二十五任總統		徐志摩出生於浙江省海寧縣硤石鎮
一九〇〇	義和團之亂	出生於江蘇省寶山縣	
一九〇二			陸小曼出生
一九〇三			林徽音出生

一九〇五	孫中山成立祕密會社，以驅逐滿洲統治者爲鵠的		張幼儀的二哥及四哥赴日求學，直到一九〇九年返國
一九〇七		「轎子事件」後，與家人遷居南翔	
一九一〇			徐志摩入杭州府中，一九一五年畢業
一九一一	反清革命成功；民國建立；孫中山當選總統		
一九一二	孫中山成立國民黨	入蘇州第二女子師範學校，一九一五年肄業	
一九一四	第一次世界大戰爆發		

一九一五		嫁給徐志摩；搬到硤石鎮婆家	徐志摩與張幼儀完婚
一九一六	北洋軍閥時期；中國被軍閥割據十二年		徐志摩繼續在北京大學求學；二哥自日本返國
一九一七	俄國革命；胡適提出將中文改革爲白話文之議；北京政府向德國宣戰		
一九一八	第一次世界大戰結束	生下長子徐積鍇	徐志摩前往美國克拉克大學就讀
一九一九	北京展開「五四」運動；美國威爾遜總統主持在巴黎召開的第一次國際聯盟會議	開始跟著家庭老師上課	徐志摩自克拉克大學畢業後進入哥倫比亞大學；離開紐約轉赴倫敦

年份	事件	張幼儀	徐志摩
一九二〇	美國婦女贏得投票權	冬，前往歐洲與丈夫團聚	徐志摩就讀倫敦大學經濟學院；與林徽音墜入情網
一九二一		搬到沙士頓；被徐志摩遺棄後，懷著三個月身孕前往巴黎；於法國鄉間度過妊娠期	徐志摩要求離婚後，在沙士頓拋棄幼儀；回到劍橋大學改習詩文
		中國共產黨成立	
一九二二	墨索里尼成立法西斯政府	抵達柏林；產下次子彼得；同意離婚；在柏林獨力撫育兒子，同時進裴斯塔洛齊學院接受幼教教師訓練	徐志摩在柏林正式提出離婚要求；於十月歸國；二哥離開德國返鄉

年份	大事	張幼儀	徐志摩
一九二三			徐志摩爲梁啓超編寫副刊；夏天邂逅陸小曼；泰戈爾遊華期間，與林徽音共同擔任翻譯；主編著名刊物《晨報》副刊
一九二五	孫中山逝世	彼得於三歲夭折；隨徐志摩遊義大利；移居漢堡	徐志摩赴歐考驗他對陸小曼的愛情；偕幼儀遊義大利；東裝返國
一九二六		東裝返國	徐志摩與陸小曼共結連理
一九二七		雙親辭世；搬到上海市海格路範園；在東吳大學教德文	徐志摩靠四處授課維持家計；林徽音嫁給梁思成

年份	歷史事件	本人	相關人物
一九二八	蔣中正統一中國並擔任總統；胡佛當選美國總統；毛澤東在中國東南地區展開游擊行動	擔任上海女子商業儲蓄銀行副總裁及雲裳服裝公司總經理	徐志摩創辦文學雜誌《新月》；取道美國遊歐洲
一九二九	美國股市大崩盤		徐志摩回國
一九三一			徐志摩墜機身亡
一九三二	日本占領東北		
一九三七	日本占領上海；蔣中正與毛澤東聯合抗日		
一九四一	第二次世界大戰爆發（一九四一——四五年）		
一九四九	中國共產黨革命	移民香港	張家大部份人離開大陸

一九五四　嫁給蘇醫生

一九六五　張邦梅出生於麻州波士頓

一九七四　蘇醫生去世；搬到美國與兒子及家人團聚

一九八八　以八十八歲高齡逝世於紐約

國家圖書館出版品預行編目CIP資料

小腳與西服 : 張幼儀與徐志摩的家變 /
張邦梅著 ; 譚家瑜譯.
-- 初版. -- 臺北市 : 足智文化, 2018.09
面 ; 公分. --(兩性系列 ; 1)
譯自 : Bound feet & Western dress

ISBN 978-986-96838-5-2(平裝)
1.張幼儀 2.傳記

782.886 107015195

小腳與西服：張幼儀與徐志摩的家變
Bound Feet And Western Dress

作　　者　張邦梅
譯　　者　譚家瑜
發 行 人　王煥榮
執行董事　王昭武
執行編輯　許耀雲
封面設計　王煥榮
出 版 者　足智文化有限公司
地　　址　(105)台北市松山區新中街12-4號4樓
電　　話　(02) 2756-5995（代表號）
傳　　真　(02) 2756-5995
電子信箱　fullwisdom.co@gmail.com
網　　址　https://www.facebook.com/FullWisdom27565995
郵政帳號　50405160
郵政帳戶　足智文化有限公司
製版印刷　百通科技股份有限公司
總 經 銷　貿騰發賣股份有限公司
電　　話　(02) 82275988

2018年9月　初版1刷

定價：300元

ISBN：978-986-96838-5-2